ますます教えることが楽しくなる
教師力

清水秀樹

●以下が私が考える教師力である。

校訓を掲げて実践し、人をつくるのには教える側がその校訓の心を育て
生徒がそれを吸収するか、その校風にして染めて行くかの方法である

「心の教育」

畠に種を播くと、自然に発芽する
そして育つ、そのままにしておいても
花も咲き稔りもする
しかし全部ではない
雑草にまけもする
十分な栄養もないのでか弱く育つ
花も小さく、稔らないものもある
人間も同じである

教育とは育てるだけではなく
教え与えることが含まれている
肥料もやらねばならない
草も取ってやらねばならない
時には無駄な所をちぎり取ってもやる
しかしこれで立派な花が咲き
立派に稔るかと言うとそうではない
まだ不十分である
誠の心をもって可愛がってやらねばならない
頼まれた気持ちではなく
自分のものだと思ってやることだ
草を取る、肥料をやる、それだけでは
可愛がっていることではない
植えた畠に毎日何度も行って
ただ見ているだけが大切だ

目次

第一章

教育は難しくない

いまを生きることがいかに大切か

私が高校の校長をしているときのことです。ある中学校の校長先生が、小雨が降る寒い日に、肩を落として寂しそうな顔をして訪ねてきました。表情を見るまでもなく、私はその訪問理由がわかりました。彼の中学校で訴訟問題があったことを数日前の新聞で読んで知っていたからです。

数カ月前の夏に、ある生徒が学校のプールに不用意に飛び込んで頸椎を損傷するという事故があり、裁判問題に発展していました。（この場合、生徒側は市を相手に裁判を起こすのですが、市が負けない限り保障は受けられません。）

真剣な眼差しで私のところに来た中学の校長を見て、「Ｉ君の件ではないか」と尋ねると「そうです」と言いました。その校長先生は、「私も三十数年間中学の教員生活をしてきましたがこれほどの難問はありませんでした。訴訟のことではなく、怪我をしたＩ君の進学をどうするかで悩んでいます」と言いました。私はすかさず「何も心配することはない。できることはやるから。卒業するまで我が校でしっかり面倒見るよ」と返事をしました。

Ｉ君は両手両足麻痺で、どこの県立高校も受け入れてくれない状態でした。

私は即座に教職員を集めて、「このような状態の受験生が来るかもしれない。車椅子だし、手足が不自由だ。しかし口と全身を使って筆記をするからなんとかなる」と話しました。教職員たちはきょとんとして、このときばかりは全員が反対したことを覚えています。しかし私の中では、障害を持った生徒の一人くらいはなんとかなると考えていました。

教職員への説得が続く日々の中から、「受け入れるのだったら協力していこうじゃないか」という者が一人、二人と現れてきました。それでも中には、「体育の時間はどうするのですか」という疑問をなげかける者もいました。このときの私は、「体育ができない人間は教育が受けられないのか。その子にできる範囲のことをやるのが体育じゃないのか。それでは、歌を歌えないから音楽ができないというのか。どうすればいいのかを考えることこそが教育ではないのか」と自問自答を繰り返していました。

そんな私を、おごっていると非難する人間がいたことも事実です。専門の施設に行った方が幸せだと言う者もいました。ただ、この場合は違うと思っていました。昨日まで普通に生活していた子どもが突然の事故で生活が変わってしまったからです。私は、このような子はできるだけ普通の生活がしたいと願うのはあたり前のことだと思うからです。

この子を受け入れるためには学校中をバリアフリーにしなくてはならないということまで考えました。それでも、なお反対する者はいました。私はそういう教職員に向かって「もし君が今日帰りに交通事故を起こして体が不自由になったら教師を辞めるんだな。それならいい。車椅子になっても教壇に立とう、まだまだ授業をしたいという気にならないのか。それが本当の教育じゃないのか」と言いました。その言葉を聞いて、さらに一人、二人、三人と気持ちが変わってきました。その日からどうすればその生徒を受け入れられるかの議論が始まりました。こうなればあとは統一した見解を持ってまとめるしかありません。そして、全員が同じ目標に向かっていく必要があります。

ある教師がどこかで、「それは校長に言われたからしかたなくやっている」ということを軽はずみで言ってしまうというのが一番の問題になりかねません。ですから学校ではどんな問題に対しても教職員全員が意思統一した見解で進まなくてはならないのです。

結果、この生徒を積極的に受け入れていこうということになりました。中学校にも連絡し、病院にも何が必要かを問い合わせました。車椅子のためのスロープや大きなドア、私たちが知らなかったいろいろなことが議題に上がり、その都度解決していく方向でまとまりました。しかし、入学といっても試験をしないでというわけにはいきません。学校に来るにも電車では通えないため、母親は自動車の免許を取り、車を購入して乗りやすく改造もしました。家の中での車椅子生活ができるように改築もしました。そして、両親揃って学校に来て面談し、「学校は生徒のためにできるだけのことはしたい。しかし、もし三年間の間に事故がないとも限らない」という厳しい現実を伝えました。そして「この子にとって、そこまでしていただけるなら本望です。このような学校と先生に出会えたことが幸せです。おまかせします」と言っていただけました。

その生徒の入学試験は、鉛筆を口にくわえ、全身をうねらせながら答案用紙に文字を埋めていく方法で行われ、無事に入学が決まりました。

この日から私の新しい日課ができました。それは毎朝、二階の校長室の窓際に立ち、この子を送ってくる母親の姿を見ることでした。

いつものように母親の車が校内に入ってきます。トランクから出した車椅子をドアの横につけて、今度は子どもをそこに乗せます。足を引っ張り出して、抱きかかえるように車から降ろし、ズボンのベルトをしっかり持って持ち上げて椅子に座らせます。最後は腰を椅子に深く入れるためにもう一度抱き上げます。これだけの作業に20~30分かかっていました。きゃしゃなお母さんが大きな男子高校生を抱きかかえる姿を見て、「がんばれ」と決して手伝うことなく心でエールを送っていました。

母親が車椅子を押してエレベーターの前までくると、必ず生徒の誰かが待っていて、車椅子をバトンタッチして、その子を教室に連れていきます。これは誰が決めたわけでもなく、いつのまにか自然に行われていたことでした。生徒たちは笑顔で「おはよう」と言って彼を教室へと導いて行きました。そのような日々が続き、I君は不自由な身体でもしっかり勉強して、みんなとも溶け込み、なんとか学校生活を送っていました。

我が校では二年生になると韓国への修学旅行があります。このときI君は、みんなに迷惑をかけるから旅行には行かないと言い出しました。私は「何で迷惑なのだ、君は私の生徒だ。行かなきゃ生徒として認められないぞ」と言いました。結局、介助のために母親も一緒に行くことが検討され、寝るときだけ母親の元で過ごすことで決着がつきました。他の生徒と一緒にバスにも乗れないために車椅子専用の車も一台チャーターしました。そしてみんなの智恵と努力で、無事に修学旅行を終えることができました。

その後も、周囲の気遣いと努力により学校生活を送っていましたが、それでも身体が自由に動かないという障害の壁にぶつかることは多々ありました。何か思い通りにいかないことに対して悔しがって、涙を流して自虐的になることさえありました。そんなときに私はI君に対して怒鳴ったものです。

「I！　お前は心身ともに障害者になるつもりか！」

その罵声は、ときにはうまく指導できていない自分への悔しさでもありました。そして、徹底的に話し合い、最後は本人とわかり合い、お互いに再チャレンジを誓いました。体育の授業で、他の生徒がバスケットをしているときなどは、体育館の片隅で車椅子を一生懸命力を振り絞って往復させてい ました。その姿をそっと見て、私は自分自身勉強させてもらっているなと実感しました。おそらく、一緒に同じ時間を過ごした生徒たちや教員たちも同じであったと思います。

そして、いよいよ卒業の年を迎えました。I君に、「君も今年で卒業だな。ここまでよくがんばったな。まだ何かやりたいことがあったら言ってくれ。先生にやれることは協力するぞ」と言っても彼はだまっていました。この三年間、心の中でこの子と会話をしてきた私には、だいたいのことはわかっていました。「よし、レストランに行って食事するのはどうだ。車の免許を取るというのはどうか」と言ってみました。そのときの彼の表情はパッと明るく輝きました。おそらく両方ともやってみたいことだったはずだからです。

「じゃ、レストランに行こう。そして、免許を取るようにがんばろう」

とは言ったものの自動車教習所には障害者専用の車がありませんでした。そこで、教習所の校長に相談し、協力していただけることになりました。ところが障害を持った者には教習所に通う前に肉体的に免許を取っていいかどうかの検査があります。それは模擬の自動車の運転台に自力で乗ってハンドルを切るだけというものでしたが、I君には簡単ではありません。傷だらけになりながら挑戦しましたが、最初の日は乗ることができませんでした。自宅に戻って必死に訓練をしてなんとか乗れるようになり、やっとの思いで許可が下りました。やがて、自動車教習所をがんばって卒業して、運転免許試験にもパスしました。高校の卒業前には免許も取得して車も買ってもらいました。私は学校に車で来ていいぞと言いましたが結局彼は同級生を気遣って一度も乗って来ませんでした。

今度は免許を取ったお祝いもかねてレストランに招待しました。そこではステーキを誰の補助もなく一生懸命自力で食べることができました。

やがて、卒業式を迎えることになりました。私の学校では一人ずつステージに上がって卒業証書を受け取るのが決まりです。ところが車椅子をどうやって壇上に上げるのかは決めてはいませんでした。しかし、そんな心配をするほうが野暮でした。I君の名前が呼ばれると、どこからともなく生徒たちが集まって車椅子を抱え上げ、みんなで壇上に上げました。満場の拍手喝采と涙がみんなを包み込んだ一瞬であったことを覚えています。

この場に同席した者すべてが、いまを生きること、そしてこれからも生きていくことがいかに大切であるかを学んだ瞬間でした。

よーく聞け!!
ここが
ポイントだ

一生懸命に生きることの大切さを知る

よーく聞け!!　もし身体の不自由な人が自分の身体的に悪い部分を恨めしく思い、文句ばかり言っていたとしたらどうだろう。逆に目前のやれることを精一杯やる姿を見たら「いまを生きる」ことの素晴らしさを教えられるはずだ。人間、健常者も障害者もない。生かされていることに感謝して、「幼少の頃、夢中で遊んだ」あの無邪気な感覚を思い出し、何かに打ち込んで生きてみようじゃないか。

命の大切さを自覚させる教育とは

子どもたちに「命とはどういうものか？」と尋ねると、多くは「大切なもの」と答えます。しかしここで重要なのは「命は大切」と言葉や頭だけでわかることではなく、心から実感することです。

人は生育過程の中で形成される、心の持ち方をただの言葉や常識としてではなく、自覚として理解する必要があります。そしてそれは、見る、聞く、触れるなどの実際の体験から学び取るものです。

では、「生きていることは素晴らしい！」「生きていてよかった！」と子どもたちが実際に感じるのはどんなときでしょう。それは、日々の生活の中で、みんなから認められることや、自分の存在を自らが認めることができたときではないかと思います。「自分にもこんなことができる」と実感できる瞬間が誰にもあります。さらに、学校でクラスの仲間と心が一つになり連帯感が味わえる実体験なども同じです。運動会や音楽会などで競技や課題がみんなの努力でうまくできたときなどの感動の体験が正にそれです。子どもたちは、うれしかったことや仲間と共に支え合って生きていることへの理解を深めることで、「命の大切さ」を体験していきます。

私の学校では、これらを自覚させる「命の教育」という課題を進めてきました。その中のひとつの方法として奉仕活動を行いました。

私は「人は与えない限り、求めてはいけない」ということを子どもたちに気づいてもらいたかったのです。その活動の中で年二回、全校献血を実施しました。子どもたちも不慮の事故や病気などのときに血液が必要だということは頭の中ではわかっています。この大切なものを自ら行動することで「ハッ」とわかるときがあるはずです。そして、自分は生きていること、健康でいられるから献血もできるという幸せを体感します。これらの積み重ねが命の大切さを自覚していくきっかけになります。

あるとき、バイクは禁止だと度々注意を受けていた生徒が事故死しました。そのときには同学年の生徒全員で葬儀に参列しました。「好きなことで死んだのだからいいじゃないか」と言う人がいますが、それは違います。未来の可能性を無限大に秘めた若者が死んだのです。親はもちろん、仲間もめいっぱい泣きました。この涙を味わって、酷なようですが、仲間の弔いを通して死んだら何もならないということを心のどこかにとどめてもらいたかったのです。そして同時に、思春期にしっかり死生観を養ってもらいたかったのです。それがわかれば命を粗末にするようなことはできないはずだからです。

ある父親からいい話を伺いました。「お父さん、私に命をくれてありがとう」という書き出しの手紙を父の日に娘からもらったというのです。ごくあたり前のことのようですが、子どもが自分の本心から親に向かってそう言えるとしたら、この子は「命」についてよくわかっているといえます。「人間が生を受けて生きていくことはどういうことなのか」を理解するには自分を客観的に突き放して見ることができなければなりません。

では、命とは何でしょうか。命を大切にするとはどういうことでしょうか。事故や病気で死なないようにすることだけではありません。本当の命の大切さはもっと違った意味で考える必要があります。「命のあるいま」いったい何をすれば「命を大切にした」ことになるというのでしょうか。私は「自分はいったい何をするためにこの世に生まれてきたのか」という「問い」に答えを見つけ出すことこそ「命を大切にする」ことだと考えています。

「命を大切にする」ことの重要性がわかってくると、次に自分はいったい何をすればいいのかと自問が始まります。やってみたい仕事は何か、興味のあることは何か、楽しいことは何か、人のためになることは何かをそこで知る必要があります。実は「それ」を見つけることが人生の大仕事です。誰も大泥棒になりたいとか、犯罪者になろうなんて思うはずがありません。ところが「命の大切さ」をしっかり学んでこないとうっかり道をそれることもあります。だからこそしっかりと学ばなくてはなりません。たとえば、大工道具でいうと、キリ・ノミ・カンナ・ノコギリ・トンカチ・墨つぼ・金尺などそれぞれに用途・役割が違います。すべてがノコギリでは何も作れません。ノミやカンナも絶対に必要です。同じように人間も一人ひとり個性があって性格も異なります。そして、それぞれには大切な役割があります。この役割を大切にしないと社会はまともに機能しません。だからこそ子どもたちには「命の大切さ」に気づいてもらい、自分の最高の使命感である「天命」を探してもらいたいのです。

私の学校では、卒業までに「命の大切さ」について徹底的に教えました。その集大成が卒業式です。六時間をかけた壮大な式は他に類をみないと自負しているほど感動的なものです。第一部では卒業証書を一人ひとりに手渡し、第二部は著名人の公演、第三部は父母や来賓、生徒が一同に介した会食です。高校時代を振り返るビデオを見ながら歓談し、それぞれの生徒の名前をあげて父母ともども起立してもらい思い出を語ります。

「A君いますか。彼は小学校からずっと皆勤です。お母さんも一緒に立ってください」と紹介していきます。次にレスリングの試合中、脊椎損傷の大ケガをして、一時は車いす生活も覚悟した生徒を紹介しました。奇跡的に回復し、県大会で優勝したことを称え、「友情が彼に奇跡を起こさせた」と解説するとその生徒と母親は起立して会釈します。このような卒業式を続けるうちに、生徒も親も教師も感涙にむせんできます。そこで自然と出るのが「お父さん、お母さん、私に命を授けてくれてありがとう」という言葉でした。「命をくれてありがとう」実は私、この感覚を自分の母親から学びました。外で泣いて家に駆け込んで帰っても玄関前で涙をふいて泣き顔を見せてはいけません（泣いて帰ったものなら、逆に叱られた記憶があります）。悩んだときには母親はいつも「人間には何かやるべき役割がある」ということを私に言い聞かせてきました。だから私は、何かの壁に当たったとき「いま、自分がここにいなかったらどうなる」という自問自答を繰り返すようにしていました。すると「自分がいないと、どうしようもないじゃないか」とあるときに思うようになりました。これこそが正に「命の大切さ」を実感したときです。私がずいぶんと時間をかけて理解したことを、子どもたちにはもっと早く自覚してもらいたいと思い、教育を通して「命の大切さ」を伝えるようになりました。

私が新米教師だったころ、先輩から「自分がいまここにいなかったらどうなるか」を考えなさいと教えられました。まず自分の使命は教師であることです。そして、生徒に教科を教えるだけではなく、どのようなことがあっても子どもたちを守ることが求められていました。これはたとえですが、もし自分の生徒が交通事故に遭うことがわかっているならば、生徒に覆いかぶさってタイヤは背中で受けとめる覚悟さえ必要でした。命を賭けて生徒をあらゆる誘惑や事件から守るのも私の使命であることに気がつきました。そしてその行為には代わりの人はいないということも確信していました。

実際にそのような場面はなかなかありませんが、いかにそこに責任を持つかということが重要です。そしてこれが自分の歩み方の原点になり、人はしっかり教育を受けることで命の大切さを知るところに行き着くことがわかりました。少し難しいですが、みなさんもいま一度「命の大切さ」について考える時間を持ってみてください。

ここに私が、「卒業前の最後のホームルーム」で、いつまでもいまの気持ちを持ち続けてもらいたいと生徒に贈っていたものを転載します。

『向上袋は、人生の教科書だ』

感動をありがとう！
巣立つがいい　大きく　高く　そして力強く飛び立つがいい
何とか飛び立つ方向は見出したと確信している
私の最後のホームルームは　何も言うことがない
3カ年間の豊富な知識と知恵　様々な出来事　身体で覚えた
良い習慣を　想い出として　あの向上袋に詰め込んで……
人生これからだ　苦難の道はまだまだ続く
きっと迷うだろう　悩むだろう　苦しいかもしれない
人は誰しも生きることに　順風満帆であれば良いと願うが
そうはいかない　そんな時　向上袋を取り出して紐解いてみてくれ
あの日の校内行事が甦り　若き日の入寮

生活や部活動等々が導いてくれるにちがいない
必ず君の道は開ける
君の最も大きな舞台は　人生という舞台だ
君の最も大事な旅は　終わりのない人生という旅だ
今や出発だ
今日の日は　君にとって　生涯にたった一度の確かな日
過ぎ去りし日の　すべての想い出は愛にかわる
母さんの　父さんの　そして友の愛
腹をたてたあの先生の愛
しっかりと受け止められる愛
この愛は一生に一度の確かな愛だ
青春の想い出は心の宝もの
泣くなヨ。君たちには明るい明日がある
幸福を祈るが　少し先を案じて贈る
『行き先を踏み迷うな巣立つ子ら』

校長　清水秀樹

よーく聞け!!
ここが
ポイントだ

子どもたちは
自覚することから成長する

よーく聞け!!　大人たちも自分が子どもだった頃を思い出してもらいたい。何も考えずただがむしゃらに遊び、飯を食べて、楽しかったこと、悲しかったことしか記憶にはない。子どもは無意識に近い状態で大きくなることを目標に成長していく。そこで少し何かを意識していくことで自我が目覚めていくのだ。

生きていく上で大切なことは、何かを意識して自分で考えて消化していかなくてはならない。ゲーム等のバーチャルな世界で遊ぶ子どもたちには現実社会で何かを意識することを学んでほしい。中でも命の大切さを意識することはとても大切なことである。

教育の本質は「教え育てる」こと「知行合一」が子どもを変える

生徒指導とは、一般的には「喧嘩をした」「タバコを吸った」など、ルールに反した行動をとった生徒を見つけて叱り、「二度としないように」指導することをいいます。しかし、私の考えは少し違います。生徒指導とは、ズバリ、「生徒の指導」だととらえています。この「の」を入れることが重要です。「喧嘩したらダメだぞ」「タバコを吸うと停学だぞ」と指導するだけではなく、なぜルールを犯してはいけないのか、どのような迷惑がみんなに及ぶのか、何のために学校に来ているのか、などを本人が考えて理解することが必要だということです。学校がイヤだから行かない、気に入らないからいじめをするという非行少年少女たちに対して、なぜしっかりできないのかと、ただ一方的に叱るのは教育の本質を忘れてしまっている行為です。

では、教育の本質とは何か、それは読んで字のごとく「教え育てる」ことです。教育者たちもこの王道を忘れがちで、そのため生徒の指導がうまくいかないということになります。そして、一言に「教え育てる」と言っても、その手法にはいくつかあります。

私が実践してきた手法は、まず、子どもたちに知的な知識を「教える」ことから始まります。次に、どうやって行動するのが良いのかという「方法」を問いていきます。そのために大人たちは一生懸命に自分の体験を基に、子どもたちの手をとって、実際にできるという姿を見せていかなくてはなりません。そして、実際に「行動」を起こさせ、最後に、あいまいにするのではなくしっかり「結果」を出させる必要があります。私は、人を「育てる」というのは、ここまでを見届けなくてはならないと考えていますし、これが「教育の原点」だと思っています。

この原点にブレがなければ子どもたちはしっかりと「結果」を出してくれます。ところが一部の教師たちは、この「結果」をしっかりと求めないために、子どもたちに対して一方通行になってしまっています。

私がいつも思い描くのは「知行合一」という言葉です。これは中国の明時代に興った陽明学の命題のひとつで、「先ず其の言を行い、而して後にこれに従う」が元になっています。これを提唱した儒学者の王陽明は、「知って行わないのは、未だ知らないことと同じである」と主張し、実践重視の教えを説きました。知ることは必ず実践を伴う、すなわち「知」と「行」は表裏一体であり、まったく同じものであるということです。

人は「知らないことは行動できない」からです。逆に考えると、「知らないから行動しない」ということにつながります。知識を得た時点で、すでに行動が始まっていると思ってください。そう考えると、徹底的に「知れ」ば、同時にそれだけの行動ができることになります。

ですから、子どもたちに、ただ「あれをしなさい」「これをしなさい」と行動の部分だけを押し付けるのは教育ではないということです。行動させるには知識を教えなくてはならないということです。「これはこういった理由で、こうなることはわかるよね、だからどうすればいいと思うか?」と問うだけで「ああ、そうなんだ、じゃあこうすればいいんだ」と言って行動が始まるはずです。以上のように、本当の知とは必ず実践を伴ってくるものです。

よーく聞け‼
ここが
ポイントだ

知行合一とは？

よーく聞け‼「知行合一」は中国の明時代に朱子学から分かれて、王陽明が唱えた陽明学の教えをいう。朱子学が万物の理を極めてから実践に向かう「知先行後」（知識が先にあって実践は後から）という考えに対抗したものだ。「知は行の始め、行は知の成るなり。知行は分かちて両事と成すべからず」と王陽明が言った。知ることと行うことは一致しており分けることができない。すなわち、知識があっても、行動を伴っていなければ何の意味もない。知識を得ることは行動することの始まりであり、行動することは身に付けた知識を完成させることであるということだ。また、「知行合一」は、吉田松陰が松下村塾の掛け軸に掲げた言葉としても有名だ。

思いやりと優しさを持って見守る「育て観」が子どもを豊かにする

自然界の生き物は条件が揃えば、ほっておいても育っていきます。しかしながら人間は、ただ水を飲ませて食事を与えておけば育つというものではありません。

同様に、人の手で育てられた農作物もほっておいてはうまく育たないもののひとつです。昔の農家は馬を引いて苗床を作り、苗を種から育てて、そして田植えをしました。さらに田んぼは、よく見張っておかないと時々水が引いて干からびたりするため一苦労でした。私の父親も教員をやりながら農作業に励んでいたことをよく思い出します。実はその姿に私の教育者としての原点があったと思います。

農業をまったく行わない母親でさえ「田んぼ行って、水見てこうし（山梨弁）」と父親や子どもたちに言ったものです。田んぼは人間が作ったものですから、手をかけてあげなければ良い米は収穫できません。だからといって毎日何かをやるわけではありません。ただ田んぼを見に行って様子を観察することが大切なことです。飛行機で空から見た田んぼはきれいなグリーンの絨毯でとてもよく成長しているように見えます。丘の上から見ると、目前の田んぼも、あの向こうの田んぼも同じ様に成長しているように見えます。ところが目を近づけていき一把ごとに注目すると、うまく育ってないものやひねくれて斜めになっているものを見つけることができます。そこで初めて土をいじったり、雑草を取ったり、肥料を加減したり、水を調整して、すべての苗がうまく成長するようにサポートするのが農夫の仕事です。

「起（た）てる農夫は座せる紳士よりも尊い」（ベンジャミン・フランクリン）という言葉があります。父親の世代からの教えの中で最も素晴らしいものであり、私の座右の銘でもあります。座せる紳士とは立派な服装をし、財産を持っているが仕事をしない紳士のことをいいます。一方、起てる農夫の行動は、身分はいやしく、貧しい生活をしていても、彼が働いている限り作物は育ち、世の中に還元されます。農夫の行動は社会貢献になり、だれの目から見ても貴いと思われます。この話のように人間社会は、起てる農夫たちによって守られており、労働することこそ神聖であるということをもっと知らなければなりません。世の中では、その人の財産や地位に目がくらんで、あたかもそれを持っている人を貴い人のように思ってしまいがちですが、それがすべて正しいとは限らないということです。

親や教師など、人を育てる者こそ起てる農夫でなくてはなりません。田んぼと同じように、子どもたちのそばに行って実際に見て感じ、そしてサポートしてあげることが大切です。

子どもたちも、ただ水や食事を与えて、服を着せて、家に住まわせて、だけでは育ちません。そこに近くで見守ってあげることを加えないと、どこか満たされない育ち方をしてしまいます。見守るということで思いやりや優しさをたっぷり注入してあげなくてはなりません。

少し古いですが1970年代の丸大食品のコマーシャルで『わんぱくでもいい、たくましく育って欲しい』というのがありました。男の子と父親が焚き木の前で何も語らずナイフでハムを削ぎ落として食べている姿が印象的でした。当時はだれもがこの親子関係にあこがれたものです。その後、列車での二人旅や登山、釣り、とシリーズはたくさんありました。その中で一貫しているのは、父親は子どもの成長をだまってそばで見守っているぞという姿でした。たくましく育てる事が最終目標ならば、「わんぱく」は単なる通過点に過ぎないということです。あるシーズンでは、度を超して遊びすぎて泥まみれの息子に対して机を叩いて怒る父親を表現しました。そして、最後には肩を抱き合って頭をなぜるシーンで終わりました。度合いを超えたことをしたときには許さないという強い父親の姿がそこにはありました。

ここでのたくましくとは、肉体的だけではなく精神的にもということを言いたかったのです。精神的にたくましくなることで同時に心の痛みとは何かを知ることになります。この心の痛みを知る力がないと他人の心を理解できるはずがありません。だからこそ子どもたちには、可もなく不可もないただの良い子に育つのではなく、いたずらをして、傷ついて、たくさん泣いて成長して欲しいと思います。

そこから立ち直ることこそが勇気になり心の痛みを感じられるものだからです。そのために私たちは道からそれないように思いやりと優しさを持って、そばで見守らなくてはなりません。そして、ここで培われた子どもの勇気は、いずれ人のために泣ける人間へと変わるはずです。

近年の教育は、広い畑の中で一つだけ立派な作物ができればよしという傾向があります。優秀な者に注目して一生懸命に手をかけて育てて良い成績が残せればいいと考えるものです。しかしいま必要なのは、成長過程ではデコボコで個性的でもいいから、すべてに目をかけてやり、将来社会に貢献できるようにサポートすることにあると考えます。教育者は、起てる農夫のようにそれぞれの「育て観」をしっかり持って子どもたちを興味深く観察していかなくてはなりません。それができれば、そこには必ず新しい発見があるはずです。

よーく聞け!!
ここが
ポイントだ

子どもに
安心していられる場所を作る

よーく聞け!!　いまは少子化の上に情報社会になり、実社会での人間関係が希薄化している。そのために、家庭、学校、地域において、子どもを見守って育てていく能力が低下してきている。現実に、子どもたちは孤立し、安心できる場所を見出せず、ひとり悩んでいるという例が少なくない。だからこそ子どもたちをよく観察してサポートし、安心していられる居場所を作ってあげる必要がある。

子どもが家の中で家出をしている

「うちの子」という言葉があります。親は当然のこと、教師も自分の学校の生徒をそう呼びます。しかし、あなたの子どもは本当に「うちの子」になっているか考えてみてください。

「うち」というのは「家」のことですが、一方で「内」という意味合いも持っています。もう一度聞きますがあなたの子どもはちゃんと「うち」側にいますか。

問題を抱える子どもの多くの家庭では、子どもは「うち」の外側にいます。すなわち、家の中でまったく会話がないのです。父親も「家」には帰ってくるが「内」の亭主になっていないため、帰宅してすぐ「疲れた」と言うだけで、まったく会話をしません。これでは家の中で家出している状態といえます。

現に、一日三十分以上会話をしている親子がどれだけいるでしょうか。会話がないというのは家族中で家出をしているようなものです。そして、家も学校も同じで会話がないと文化を失うことになります。会話の積み重ねが家の文化、しきたりを生み、学校では校則や人間関係を学ぶことになります。ですから家では毎日最低三十分間子どもと話をしてもらいたいのです。それができている家庭は、堂々と「うちの子」と言ってください。

子どもの原点は親です。

親は率先して子どもと話をしてください。そして、できるだけ家族が一緒になって話すようにしてください。

きっかけはまず、食事時間から始めるのがいいでしょう。

これまで簡単に済ませていた料理をしっかりと作ってください。電子レンジで「チンッ」はやめましょう。「チンッ」は会話の「沈」にもつながると思ってください。本格的に料理をすると一時間は台所に立たなくてはなりません。しかし、そのようにしてできた料理には、子どもも「これどうしたの」と言うでしょう。すると、「私が作ったのよ、おいしい?」と会話ができます。ここを出発点にしてください。その料理に対して主人や子どもが黙っていたら「おいしいのか、まずいのか、何とか言ったら」とも言えます。すると「うまい」「もうちょっと」とか言うわけです。

このようなことから会話が始まると、学校のこと、主人の仕事のことなどの情報が家族で共有できるようになります。やがて、この会話の積み重ねが親子の絆を生むのです。

そして教師は、子どもに「昨日家でどんな話をしたの」とさりげなく聞いて、その子の家庭で会話があるかどうかをチェックしてサポートしていく必要があります。

よーく聞け!!
ここが
ポイントだ

親子の会話は、話しやすい環境を作ることから始める

よーく聞け!!　話しやすい環境を作るのが親の務め。本来親と子は血のつながりがあるから言わなくても分かり合えるものだ。だからこそ良いことも悪いこともつい口に出してしまう。とは言え子どもは怒る人は嫌い。怒られてばかりだと話さなくなるはず。だから会話は、まず相手をほめることから始めてみよう。

子どもは大人の行動を見て育っていく

「カエルの子はカエル」という諺があるように、子どもは親によく似ています。また、あまり聞きたくない言葉の中に「親の顔が見てみたい。一体どういう教育をしているのか」というのがあります。このような言葉を聴くと親の教育こそが大切だと感じざるを得ません。

子どもが産まれてから、初めていろいろなことを学ぶ先生が、お父さんとお母さんだから似るのはあたり前です。子どもはお父さんお母さんの姿を見て、まねをすることで人としての生き方を学んでいきます。

あいさつの仕方、食事の食べ方、話し方、マナーなど、生活の基本的なことは家庭の中で学びます。そのため、家庭環境はとても重要になってきます。そして、子どもたちは親や教師など身近にいつ大人の行動をよく見ています。おしゃれをしている父親の子はおしゃれをしていますし、お母さんを愛しているお父さんの姿や、お父さんを大切にしているお母さんの姿もしっかり見ています。酒癖の悪い父親やだらしのない母親も当然見られています。もちろんなまけている教師や口だけの教師も見られています。

もう一度、子どもは大人のまねをするものだということを思い出してください。親や教師の態度が悪ければ子どもはどう反応するでしょうか。たとえば思うようにいかないことがあるとすぐに怒る大人がいたとします。この大人を見たとき、子どもはきっとこう思うはずです。

「自分の都合で、怒っていいいんだ」

みなさんはご自身の態度がどうか考えてみてください。

中でも、子どもにとって、幼少期に多くの時間を一緒に過ごす母親の存在は大きく、影響力があります。だからこそお母さんは無理をしてでも良き母親を演じなければなりません。

「遊んでばかりいるとお父さんのようになってしまうわよ」と父親を軽視した発言を平気で言う母親もいます。「お父さんが元気で働いているからあなたたちは食事が食べられるのよ」と口先だけでものを言う母親もいます。父親はだまって会社に行ってお金を持ってくるだけのものだと思っているから出る言葉です。逆に、上手なお父さんの褒め方もあります。母親は心から感謝する気持ちをさりげなく「お父さんご苦労様」と言うだけでいいのです。すると子どももハッとわかります。また、父親の中にも「この家はオレが建てた家だからな」と言う人がいます。この言葉こそが父親と子どもがうまくいかない会話の代表です。この家は確かに父親が苦労して建てた家かもしれませんが、恩着せがましく言う必要はどこにもありません。そんなことはあたり前で、子どもも育ってくればわかっていることです。よけいなことを言わずに父親はとにかく子どもに「元気か」と声をかけ続けるだけでいい関係は築けます。

ここに一編の詩があります。読むとは大人がしっかりしなくてはならないことがわかります。

子は親の鏡

けなされて育つと、子どもは、人をけなすようになる
とげとげした家庭で育つと、子どもは、乱暴になる
不安な気持ちで育てると、子どもも不安になる
「かわいそうな子だ」と言って育てると、子どもはみじめな気持ちになる
子どもを馬鹿にすると、引っ込みじあんな子になる
親が他人を羨んでばかりいると、子どもも人を羨むようになる
叱りつけてばかりいると、子どもは「自分は悪い子なんだ」と思ってしまう
励ましてあげれば、子どもは、自信を持つようになる
広い心で接すれば、キレる子にはならない

誉めてあげれば、子どもは、明るい子に育つ
愛してあげれば、子どもは、人を愛することを学ぶ
認めてあげれば、子どもは、自分が好きになる
見つめてあげれば、子どもは、頑張り屋になる
分かち合うことを教えれば、子どもは、思いやりを学ぶ
親が正直であれば、子どもは、正直であることの大切さを知る
子どもに公平であれば、子どもは、正義感のある子に育つ
やさしく、思いやりをもって育てれば、子どもは、やさしい子に育つ
守ってあげれば、子どもは、強い子に育つ
和気あいあいとした家庭で育てば、子どもは、この世はいいところだと思えるようになる

「子供が育つ魔法の言葉」（ドロシー・ロー・ノルト、レイチャル・ハリス共著、石井千春訳、PHP研究所）より引用。

いかがですか、もっともなことですが忘れていたことではありませんか。広い意味で子どもたちから見ると教師も親と同じです。この魔法の言葉を学校でも実践してみてください。

よーく聞け!!
ここが
ポイントだ

人としての態度を親から学ぶのが子どもだ

よーく聞け!!　子どもが経験を積む場は幼少であればあるほど家庭内に限られている。だから親の言ったことや行為をそのまま素直に吸収して育っていくのである。人としての行動や態度、善悪などを親から学びとるわけだから親は日頃の行動を考えて子どもの前で振る舞わなくてはならない。

そして、教師はもうひとりの親として後ろ指を指されないようにまじめに取り組んでいくべきである。

子どもにレッテルは貼らない

子育てをする上で忘れてはならないものが「教育」をすることです。どのようなことが起こっても、教師は「教育」を絶対にあきらめてはいけません。

私の学校に以下のような事例がありました。

それは、ある生徒の遅刻問題でした。この生徒は一見まじめでとても非行とは縁のない子どものように思われましたが、なぜか毎日決まって遅刻をしました。

「おい、ちゃんと遅刻せずに来いよ」と教師たちは指導していましたが、彼は素直に「すみませんでした」と言うばかりで遅刻はいっこうに改善されませんでした。そればかりか、ひどいときは二時間も遅れて来る始末でした。ここまでくると多くの教師は、あきらめてしまって、「この生徒は仕方がないな」「言ってもわからないのだな」というレッテルを貼って片付けてしまいがちです。このままではこの生徒に対しての教育を学校が放棄してしまうことになります。

人にレッテルを貼るという行為は人の能力を勝手に決めつけてしまう、とてもよくないことです。

そして、私はその子の事情も理由も考えずに勝手に判断してほったらかしにしてしまうというのはいかがなものかと思いました。

まじめな生徒が、いくら言っても遅刻してくるには言いたくても言えない理由があるのではないかと思わざるを得ません。

そこで私は、この生徒がどのようにして通学してくるのかを見るために早朝から家の前で待ってみることにしました。すると、その生徒は作業着を着てリヤカーを引いて出てきました。どうやら家の仕事を手伝っているようでした。こっそり後をつけていくと、近所の団地に行き、積んでいた野菜を売り始めました。売り終わると急いで家に戻り、制服に着替えて走って駅に向かいました。この姿を見て、この生徒は応援してあげなくてはならないなと思いました。

昭和四十年代の頃の話ですから、高度成長期とはいえ、まだまだ金銭的に困っている家庭は多い時代のことです。特に農家はサラリーマン家庭と違い、決まった日に給料が入るわけではないため、なお大変でした。事実、この生徒は毎月の授業料の支払いに困ることさえありました（当時の私の学校は毎月手渡しで授業料をいただいていました）。彼は少しでも家計を助けたい、そして、毎日学校に行きたいという想いで家を手伝っていたのだと思います。

原因も知らずに言っても聞かないのだから仕方ないというレッテルを貼って、あきらめていたとしたら、この生徒は最後まで同級生や教師の間で「遅刻魔」というイメージしか残らなかったはずです。

ところが今回のように原因がわかると何とかすることができます。家庭の事情は仕方がありません。ではは学校に何ができるかを考えました。

特例で遅刻を認めたからといって勉強が遅れるのはよくないと、放課後に居残り補習を行うことにしました。その結果、まじめに勉強して単位を落とすこともなく卒業していきました。あのときにみんながあきらめていたら（遅刻魔のレッテルを貼っていたら）卒業できたかは不明です。

この事件によって、教師は生徒の事情を何も知らずに教壇には立ってはいけないということを痛感しました。

子どもをよく知るためには、日常の中でできるだけ多く会話をするようにして、ときにはこっそりと行動を注視することも必要です。注意して見ているだけで子どもがどういう生活をしているのか、どのような友だちがいるかなどが見えてきます。いま何に没頭しているのか、悩みはあるのかなどもわかってきます。

もし何かよくないことをしたとしても頭ごなしに怒って終わらせるのではなく、どうしてそうなったのか原因を考えてください。そこには必ず子どもなりの理由があるはずですし、理由がわかれば解決法も見えてきます。だからこそ決して子どもに大人の勝手なレッテルを貼って決めつけてはいけません。理由がわかり、どのようにして解決していけばいいかの手助けをするのが教育というものです。

よーく聞け‼
ここが
ポイントだ

レッテルで判断しないこと

よーく聞け‼ 「レッテル」という言葉はよく使われるが、もともとはラテン語である。英語で言うと「レター」と同じ意味で「手紙」とか「文字」といったものになる。本来はそういう意味しかなかったはずだが、日本で独自の使い方をするようになった。

物に名前を付けるときに名前を書いた札やシールを貼ったものを「レッテル」と言うようになった。たとえば、ビンに「ビール」というレッテルを貼れば中身がお茶であろうとなかろうとそこには「ビール」が入っていると誰もが決めつけてしまうはずだ。しかし実際は、飲んでみないとわからない。何事も実際によく観察しないでただ「レッテル」だけで判断してはいけないということだ。特に人間に関しては「レッテル」は絶対に貼ってはならないと思う。

落ちこぼした子が落ちこぼれになる

教育をあきらめてはいけないと言うが、どのように実行していくべきか考えなくてはなりません。まず、教育の原点から言うと、できる子もできない子も一緒に扱うことが基本です。

たとえば、陸上の競争で、速い子と遅い子を同じ組で一緒に走らせるのがあたり前のはずです。ところが最近の学校では、速い子を集めた組と遅い子を集めた組を作って、その中で競争させる傾向にあります。競争とは本来、速い子がいて、遅い子もいて一緒に競うものです。遅い子は速い子の能力を認めて「いいな、うらやましいな」と言い、次は自分もがんばろうと思います。だからこそ、遅かった子は努力して次回は順位が入れ替わったりします。これはある意味、正しい競争意識を持つための練習です。ところがいまは、誰が優秀なのかをヴェールに隠してしまうために能力差がわかりにくくなっています。

かつて放課後の教室では、できた子ができなかった子に勉強を教えるということがありました。できなかった子は、「キミは頭が良くていいな。ボクはできなかったからな」と友人の能力を認めて教えてもらいます。その代わり、勉強以外の部分で勝ることがあればそれを逆に教えるといったことの繰り返しで友だちができていきます。

勉強ができる子、走るのが速い子、絵がうまく描ける子、歌が上手に歌える子など、子どもたちは様々な能力を持っています。だからこそお互いの良いところを認めていくことでそれぞれが成長していきます。

あきらめない教育とは、結果的に勉強ができる子とできない子の区別が出てしまったときに、できなかった子に対して、この子にだって何かとりえがあるだろうと別の能力を引き出す努力をすることです。

勉強もダメ、駆けっこもダメ、では他に何かあるだろうと探り、それを見つけ出して認めてあげて自信を持たせることです。

誰よりも人がいいとか、よく気づく優しい子であるとか、清掃活動で黙々と最後までやり遂げるといったことでもいいのです。それをしっかり見届けて評価してあげることが大切です。そして本人が、自分の良さがどこにあるのかに気づくことができればなおいいのです。

必ずしも勉強のできる子が社会で活躍するわけではありません。勉強はいまひとつだが掃除を最後までやり遂げる子の方がもしかしたら良い人生を送るかもしれません。

悲しいことに、いまの時代は勉強ができるかできないかで判断しがちで、人間性の部分をあまり認めない社会になってしまいました。賢くて要領よくできる子の頭だけをなでてほめる教育に変わっています。ところが子どもたちの本当の評価はそういうものではないはずです。十人いれば十通りの評価があります。そのことに気づかない教師がいて、それぞれのいいところを引き出してあげることができずに落ちこぼしてしまいます。

落ちこぼされた子はますます自信を持てなくなります。やがて大学まで出て、社会人になっても落ちこぼれのレッテルをどこかに持ったまま生きていく場合が少なくありません。

教師が落ちこぼした子が落ちこぼれになります。

そして、大人たちが家庭や社会でしっかり面倒を見なかった子も落ちこぼれになります。そう考えると、大人がしっかりと見極めていれば、この世の中には落ちこぼれという子はひとりもいないはずです。

よーく聞け!!
ここが
ポイントだ

落ちこぼれを作らない

よーく聞け!!　いまの学校教育は、「できる子」と「できない子」を選別する能力教育といっていい。その中で思春期の子どもたちは将来の自立のために自らの進路を決めなければならない。しかし、テストの点数や偏差値によって進路が勝手に振り分けられていくのも事実だ。本人にはその後の進路や受験に対するとてつもない不安が襲い掛かっているはずだ。この時期に「落ちこぼれ」のレッテルを貼るから、その子は将来に不安を覚えて暴れたり非行に走る。ここで大人たちは何をすべきか考えなくてはならない。子どもたちを少しでものびのびと育てたいと願うなら、学力の面で「できない子」であっても他の面で「できる子」になればそれでいいと思うことが大切なのだ。子どもたちには自分の良い部分を伸ばすことが一番だとわかってもらえればいいのだから。

子どもは問題を抱えながら成長する

思春期の子どもたちは、さまざまな問題を抱えながら成長していきます。

親、教師、友だちなどの人間関係だけでなく、家庭や学校での環境の違いよっても影響を受けます。そこで良い影響を受ければいいのですが、悪い影響を受けることもあります。中でも家庭に問題（母親もしくは父親が義親であるとか、転勤による引越しが多いなど）がある場合は注意が必要です。家庭内で親子の会話ができていない場合は子どもが何らかの問題を抱えていることさえ気が付かないこともあります。たまたま悪い友だちに誘われて仲間になってしまったり、つまらないことでいじめに合っているといったこともあります。子どもたちはそれを自分の中で問題として抱えています。だからこそ子どもたちにはトラブルに巻き込まれない環境を整えてあげなくてはなりません。非行化やいじめに遭う場合の多くはその子の周辺環境に原因があることを知っておいてください。

子どもたちひとり一人の生活が違うわけですから、環境の違いもさまざまです。そして、環境が極端に悪いと成長期にいろいろと屈折してきます。

教師は、その問題を無視してただ、英語、数学、国語、社会、理科などのカリキュラムで決められた教科指導だけを教えていればいいのではありません。知的能力をより高めるためには、生徒の生活を知る必要があります。子どもたちの現状をチェックして、少しおかしいぞ、という部分が見えた場合には、本人と直接話すだけでなく観察して、何をどのように悩んでいるのかを調べることが教師の責任です。

私の生徒の中に、ちょっとしたことですぐにカーッとなる子がいました。そして、興奮して怒るだけでなく、暴力で人を傷つけてしまうことさえありました。攻撃的になると普通では考えられない言動や態度をとりました。どうやらこの子は自分の中で限界がきて、感情を操作できなくなってしまうようです。一方、どんな問題点も耐えることができる強靭な子もいました。両者からもわかるように、この時期の子どもたちの精神的な力の差は明らかにあります。そしてこれが、その子どもの環境の違いによる生育の差だといえます。

すぐにカーッとなって相手を傷つけてしまう子には、どこかに問題があるわけです。だからといってほっておくわけではなく、本人には、いけないことをしているのだと、しっかり自分の欠点として教えてあげなくてはなりません。

「キミはすぐカーッとなって、何も見えなくなることがあるね。もしそうなったら、ちょっと我慢して握りこぶしを自分でぐっと握って我慢してみなさい。そのうち冷静になって考えられるはずだから」

と悪い点を本人に理解させて対処する方法もあります。

その日から、その子はカーッとなりそうになったときには自分で握りこぶしを握って、我慢をするようになりました。それでも、我慢ができなくて相手を傷つけてしまうこともあります。このままでは社会生活では通用しない人間になってしまうため何度も根気よく指導していかなくてはなりません。すぐにカーッと興奮する子の多くは我慢をしても、それをうまく消化できない子だといえます。気持ちの高ぶりが、ある部分までいくと自分で押さえきれなくなります。ある程度までは我慢していますが、相手に自分の弱点を突かれると立ち往生して手を出して、そのあたりの物をひっくり返してしまいます。さらにふてくされて、顔色を変えて、どうにでもなれという投げやりになる子もいます。

この子たちにやってはいけないことを理解させるには、先述したように、まずその子の環境を知ることから始めなければなりません。どこでどのような問題があって、こういう行為におよぶのかといった原因を探るのです。すると意外なところに答えがみつかります。

別に、生育の中でもう一つの問題があります。それは肉体的に成長期に自分の弱点を持っている子どもです（背が高いとか小さいとか、急所が小さいとか大きいとか、など）。肉体的な成長は人それぞれですから、この時期にはいろんな部分で差がでてきてあたり前です。

男の子の場合、夢精をして、それを隠れて洗濯する子もいれば、下着を隠してしまう子もいます。しかし何らかの方法でそれをうまく解決し自ら消化しなくてはなりません。その消化がしっかりできなかった子が非常にコンプレックスを感じるようになります。気がつくと一人取り残されている場合もあります。一見、仲間と仲良くやっているように見えるが、いざとなればフッと身を引いてしまいます。仲間に加わっているようだけれど実際には加わっていないのです。それに気づいて見抜ける教師はなかなかいません。気づくことさえできればその子と一対一で話をして自信をつけさせてあげる方法はあります。逆に、気づかないで通り過ぎていくと、いつしか仲間はずれになり、いじめの対象になります。

思春期の子どもたちは大人が想像する以上にナイーブだということを知った上で、とにかくしっかり見て、変化を見逃さないようにすべきです。

別の話ですが、私の生徒の中に、制服が夏服に変わっていてもずっと長袖を着てくる女子生徒がいました。暑さが続いてもその子は袖を捲ることさえしませんでした。

私は、きっと何か理由があるに違いないと思い、(女の子なので、聞きにくいが)なぜいつも長袖なのかを聞きました。しかし、だまったままいっこうに返事はありません。この場合どこかに問題を抱え、悩んでいるに違いないと思いました。かわいそうだけど見せなさいと言って袖をまくらせました。見ると腕から肩にかけて火傷の痕がケロイド状になっていました。悪いことをしたと反省しながら、理由を聞くと、幼少の頃にお母さんの不注意で負った火傷だとわかりました。

「よく見せてくれたな」とほめてあげましたが、この子は一生この火傷の痕を背負っていかなくてはなりません。いつまでも隠して生活していたのではどこまでいっても次の成長には至りません。どこかのタイミングで本人がどうどうとそれをさらけ出して笑顔でいられるようにならなくては大人にはなれないのです。

私はしばらく見守っていき、何かのきっかけでどうにかしなくてはと考えていました。

このように悩みや問題点が事前にわかれば注意して見ていてあげられるためにこの子に関しては安心です。

人それぞれですが、子どもたちは常に何らかの問題を抱えていて、心はとても不安定だといえます。子どもたちが乱暴な言動や行動、さらには派手な服装をし、他人のいやがることをするのは思春期特有の、「自分を見てほしい、愛してほしい」というアピールの方法です。

教師ならばそれを理解して、手を差し伸べて少しでも解決してあげる責任があります。

よーく聞け!!
ここが
ポイントだ

子どもの問題は
早く対処しなくてはならない

よーく聞け!!　子どもたちが抱える問題はさまざまだが、非行、いじめ、不登校はいまだ増加の傾向にある。しかし、子どもたちは自分から進んで悪くなろうなんて考えてはいない。そこには必ずと言っていいほどそうならざるを得なかった原因があるはず。問題がエスカレートして大問題になる前に早く原因を究明して改善してあげるのも教師の責任だ。

努力したことを認めてあげる

すべての行いに対して感謝するのは人間社会の原点であると思います。私は子どもたちには何かの機会にこのことを学んでもらえればいいと願ってきました。

ある日、一人の生徒が悲しかったことを作文に書いてきました。内容は、ある母親が言ったことが発端になっていました。その母親は、教師が給食の時間に「いただきます」「ごちそうさま」という挨拶の言葉を強いているというものでした。我が家はしっかりお金を払って、給食を食べられる権利を持っているのだからわざわざ「いただきます」と我が子に言わせないでくださいという内容でした。

この話を聞いた生徒は、本当にこんな世の中がいやになってしまったと悲観して作文にしました。

この生徒は「いただきます」の本来の意味をどこかで聞いて知っていたから悲しくなったのでしょう。「いただきます」という食事の際の挨拶ですが、解釈は諸説あります。真偽は不明ですが、多くは浄土真宗やアイヌ民族によるアニミズム的な説明が知られています。これによると、食材となる植物や動物の命を絶ち、それを調理して、いただくことで人間が自分の命を維持できることに対して「命をくれてありがとう」という感謝の意味を込めた言葉であるということです。また、食事後には「ごちそうさま」と言いますが、本来「馳走（ちそう）」とは「走りまわる」または「奔走（ほんそう）」することを意味しています。浄土真宗においては、大事な来客をもてなすために馬に乗るなどして遠方まで奔走して食材を調達してくれたことへの感謝を表す言葉として使われています。この生徒はいつもこういった気持ちで「いただきます」「ごちそうさま」と言っていたのだと思います。このような純粋な感謝の気持ちは人間として大切なことです。

この件からもわかるように母親たちの中には間違った教育を無意識で子どもたちに押し付けている場合があります。いまの物質社会では、お金を払うのだから別に「ありがとう」はいらないという人がいます。しかし本当にそれでいいのでしょうか。そこにはいろいろな人が関わって、その商品ができて便利に使えるようになっているのです。それを「ありがとう」に込めるのはあたり前のことです。

先日、教え子たちの同窓会がありました。年齢は五十歳代の世代です。そこでみんなに言ったのは「キミたちはかまってもらうのがうれしかったし。先生にからかわれるのが好きだったな」というほめ言葉です。生徒と教師の人間関係がしっかりできていたことをお互いにわかっていた時代だからこそ言えた言葉です。ただし、この世代は何かと手をやきました。お互いに頭にきたことはたくさんあったと思いますが、生徒と教師と親の関係がしっかり連携していたために、大きな事件もなく、いまでは「ありがとう」と言い合える関係です。そのときには苦労も多かったのですが「手をやいてくれてありがとう」「手をやかせてくれてありがとう」とお互いに思える関係といえます。

また、がんばった人間はがんばっただけ上にいけたのもこの時代です。倍の時間働いた者は倍の給料を手にできましたし、努力した人間はその分だけしっかりと評価されるのがあたり前でした。そして、努力した人間をみんなで認めるということが自然とできた時代でもありました。

本来、学校は競争心を養う場所でした。生徒たちだけでなく先生同士も、自分のクラスの出席率はどうだとか、学習到達率がいいなどと競い合いました。目標を達成できたら生徒をほめて一緒に喜ぶのも教師の務めでした。このように「努力した者を認める」という環境づくりができていたのです。ところがいまは「ほっておいてくれ」というのが主流です。そして、そのような感覚のままでは人間は成長しないことぐらい誰にでもわかるはずです。だからこそいまの子どもたちは自ら進んで努力を認めてくれる環境を選んでいく力を身に付けなければなりません。能力があっても認めてくれる環境にいないと満たされることもなく、「こんなもんか人生は」となってしまいます。

子どもががんばったときにはしっかりとそれを認めてあげます。そして、ダメなことはダメと教えます。他の子どもと比較するのではなく、その子なりに努力しているところを評価してあげます。たとえばA君とB君の努力は同じぐらいだったとします。しかしこれをひとつの基準で見ると間違いが起こります。A君ががんばってもともと3しかなかったものを5にしたとします。そしてB君はもともと5だったものを8にしました。5と8には差がありますがそれぞれの努力を認める必要があります。頭のいい子に照準を合わせているとついてこれない子が出てきます。その子に対して「努力してないだろ」と言ってしまうのは間違いです。ものすごくがんばっても2か3しかいかない子もいますが、その努力を認めてあげなくてはなりません。それをしないからその子は「ボクはダメだ、バカだ」と自己嫌悪に陥ってしまいます。努力をしっかり見てあげなくては子どもたちは立ち止まってしまい、身動きがとれなくなります。そのうち学校に行かなくなってしまうことさえあります。すると大人は頭ごなしに怒り、ますますこの子は引きこもってしまいます。先生や仲間が怖いから学校に行かないのではなく、そういう環境がいやだということをわかってあげてください。

子どもには「心のパスポート」が必要です。

学校に席があって、「そこに居ていいよ」という証です。存在感を認めて評価するだけでいつも元気に学校に行けるのです。教師ならば、こうしろ、ああしろというマニュアルはあくまでマニュアルだと思ってください。それを自分の体験に結びつけて認めることを身体で覚えていくことで子どもの実力は何倍にも伸ばすことができるはずです。

よーく聞け!!
ここが
ポイントだ

子どもそれぞれに
能力差があることを認める

よーく聞け!!　子どもたちひとり一人には能力差がある。同じ達成目標でも、もともとできる子が容易に全問正解になった評価と、下位の子ががんばってできた評価の意味は大きく違う。だからこそ子どもたちそれぞれの個性を大事にして目標に近づけた努力を評価していかなくてはならない。その繰り返しが人として生きていく力を育成することになる。

答えは決してひとつではない

教育は、人生と同じように筋書きのないドラマです。もし筋書きを作ってしまったら、人間は規格品しかできないのではないでしょうか。これとこれをかけ合わせるとこうなるというようにわかりきったことばかりを教えていてはダメということです。答えの結果を導くために遠回りをすることで新しい発想と知識が芽生えることこそが教育です。ところが学校ではどうしても答えを先に出してしまいがちです。たとえば種無しブドウの作り方だと、どれとどれをかけ合わせればできるのかわかっていることをそのまま教えてしまいます。本当は、ただ方法を教えるのではなく、こうすればいい、ああすればいいとあれこれ疑問を持って考えることにあります。醍醐味は種無しブドウを作るために起こる疑問点を挙げていくところにあります。その過程で「では種だらけのブドウはできるのか」ということを想像できるかできないかが重要です。逆の発想や可能性を無限大に考えられるからこそ面白いと思うようになります。

ここに注目すべき資料があります。それは「世界一幸福な国」（２０１０年米調査機関による）という世界規模のアンケート調査で1位（ちなみに日本は81位でした）を維持し続けているデンマークの教育です。

デンマーク社会福祉の分野でも世界最高水準といわれていますが、国民の教育についてもとてもユニークです。ＯＥＣＤが行うE国際学習到達度調査（ＰＩＳＡ）では日本よりも下位ですが、個を認め、自立を尊重する教育が徹底して行われてきた結果、「幸福度世界一」に小国を押し上げてきました。この国では、さまざまな違いを受け入れる社会こそが正常であり、すべての人が差別なく普通に暮らせるノーマライゼーションという考え方が根底にあります。

教育の現場でも、個人の個性や違いを認めることを重要にしています。子どもひとり一人がそれぞれの能力を発揮し、社会全体のレベルを高めていくことが望ましいといった考え方です。学校では一つの答えを教えることをせずに、ものを多方面から見る方法があることに気付かせる教育をします。そして、一義的な答が得られないときに、困難をどのようにして乗り越えていけばいいのかをサポートするのが教師の役割です。とはいえ、デンマークにもいじめ問題はありました。２０００年には「いじめをなくそうプロジェクト」として国をあげて問題に取り組みました。それは、学校で起きる意見の相違や争いを解決する独自の方法でした。学校ではさまざまな対立はあってあたり前と考え、問題は対立ではなく、その対立がうまく解決されないことだと原因を調査して解決していく方法でした。これは、私がこれまでに実践してきた方法とまったく同じだと思いましたが、日本では国をあげて取り組む環境はありません。

しかし、日本のように、考えるよりも先に答えを覚えてきた子どもたちが答えのない問題点に直面したらどうなるでしょう。おそらく、思考は停止し、なんとかしようという考えさえ思い浮かばないはずです。学校で習っていないことは「わからない」では国際社会は渡っていけません。だからこそ、親や教師が心がけることは「答えは決してひとつではない」ということを気付かせる教育をしていくことにあります。

よーく聞け!!
ここが
ポイントだ

できるだけ多くの答えを探すことが必要

よーく聞け!!　いまの日本の学校教育では、すべての問題に一つだけ答えが用意されている。その答えを導き出すための暗記的な教育が何年も続く。これだけではまともな大人にはなれない。社会に出るとさまざまな問題に直面し、そこには多くの答えがあり、どの答えも満点とはいえないのが現実だ。だからこそ、答えが一つしかない教育は見直すべきである。仏教用語に「同治」と「対治」がある。同じ問題に直面しても解決法は多方面にあることを教えている。気落ちしている者に問題点を受け入れることで気を安らかにするために一緒に涙を流して負担を軽くするのが「同治」。「元気出そうじゃないか」と励まして問題点に打ち勝つことを目的にしているのが「対治」だ。このようなものの見方を子どもたちに教えてもらいたい。

子どもにスポットを当てる瞬間

子どもを育てるには、ひとり一人の性格や才能を間違うことなくしっかり見極める必要があります。強く叱っても大丈夫な子、必要以上にほめた方がいい子、だまって遠くから見ていてあげるだけでいい子などなど、一元ではありません。何もせずにただそのままにしていれば、勝手に育つと思っているようでしたら、今日からその考えを改めてください。

文豪、夏目漱石でさえも『吾輩は猫である』の中で「打ちゃって置くと巌頭の吟でも書いて華厳滝から飛び込むかも知れない」と、子どもたちはほっておくと何をするかわからないということを書いています。そして、猫の目線を借りて人間ウォッチングを徹底的に行ったのも教員時代の観察経験があったからだといえます。

本当に熱心な教師は、生徒ウォッチングによって見極めができる人だと思います。ところが、熱心だと思われている教師の中には生徒を熟知することなく熱心さだけが表に出て、子どもの羞恥心やプライドを知らず知らずに踏みにじってしまう者もいます。

「キミの言っていることは間違っている」と深く考えもせずにあっさりと言い切り、子どものプライドを傷つけてしまう場合もあります。子どもは自分の気持ちを声を出して反論するだけの能力がないため黙るしかありません。こうして言葉にならない心の声は切り捨てられ、大人の正論だけが表に現れます。

このようなことが積み重なり、子どもは反抗します。だからこそ、自分がいま育てている子がいったいどういう性格なのかをウォッチングして正しい方向に導くことが必要です。

学校を卒業してから問題を起こした青年の中で、その責任を昔の学校の先生になすりつけて恨みを持つ者がいます。

自分が不利益を得たときに自分がこうなったのは、あの先生のせいだと言います。或いは親のせいにして徹底的に仕返ししてやる、という屈折した心を持ったまま大人になっていく者もいます。この現象は、親や教師が無意識にその子どものプライドを傷つけていたことが原因だと考えられます。一方、子どもの中には中学高校で普通に育ち、ここから先は実社会に出てからは実経験を積んで学んでいけばいいという、あまり手のかからない子もいます。だからこそ教師はもう少ししっかりと生徒ウォッチングをして、その子どもがどういった特性なのかを見極めて、その子に合った指導を心掛ける必要があるのです。

さらに学校には、日のあたらない子がいることも知ってください。いまは「先生、先生」と近寄ってくる社交的な子の頭を率先してなでる教師が多い傾向にあります。そのために、あまり目立たない子は置き去りにされていく危険があります。

昔の恋愛物語だと、好きな男の子が転校するときにホームの片隅でじっと電車を見送る女の子と、列車に近付いて別れを惜しむ女の子がいます。ホームの片隅の子は、気が弱くて好きだけれどそのことを口に出して言えない子です。逆に列車に近付く子は、堂々と「好き」と言える子です。そのことを頭においてクラスの中を見渡すと、男女に関わらず、隅のほうから控えめにメッセージを発信している子や近寄ってきて率先して発言する子がいることがわかるはずです。気が弱い子は「どうせ私なんか……（先生はそう思っているに違いない）」と、勝手に思いながら隅のほうにいます。しっかりとウォッチングができていれば、そういう子にもパッとどこかで光を当てることができ、しっかり集団についてこさせることができるはずです。

だからこそ必要なときに生徒を呼んだり、叱ったりしなければなりません。中には叱られて喜ぶ子もいます。普段先生にあまり注目されてないと思っている子は会話ができることだけでもうれしいのです。

私が野球やソフトボールの指導をしていたときのことです。あまり会話をしない補欠の選手に対して、突然名前を呼んで、たるんでいることを叱り、特別に特訓したのです。このときこそ練習で疲れて肩を落として帰る補欠選手にスポットを当てる瞬間になります。帰り時間に校門でその生徒の名前を呼んで「今日は大変だったか？」と声をかけます。するとパッと明るく反応します。「明日もがんばろうな」と声をかけて別れます。すると翌日、グランドにはその生徒がだれよりも早く来て、一生懸命に走っていました。それを見て、この子は目立とうとしているのだなということをわかってあげなくてはなりません。次に努力を認めて、練習に参加させます。「○○君、こっちに入りなさい」とみんなの前で呼びます。その子は準レギュラークラスの練習に入ると水を得た魚のごとくがんばります。そういう子は積極的に引っ張り上げます。そして、そのとき周りはどう感じるかも大切なことです。「よーし、ボクもがんばるぞ」とみんなが思ってくれれば成功です。ああするとこうなるということがわかるからです。当然のように翌日から活気あるグランドが生まれました。

逆に元気だった子が非常にしょげている場合はどうするかです。

その場合は、徹底的にほっておくという方法をとります。そしてその間に情報収集します。まず、2〜3日の間に、家に電話をかけて親からも情報を仕入れてみます。それでもわからなければ、本人に、「最近お前らしくないぞ」と聞いてみます。原因がわかればタイミングを見計らってアドバイスします。それをしっかりしないとまったく腐ってしまう場合があります。ちなみに、この子の場合は「レギュラーからはずされるのかなと不安だった」というものでした。私に叱られたことに頭にきていたが、なんとか平静を保っていたというのです。この場合本人には、あのときはこういう気持ちで、君のために叱ったのだということを伝えて安心させる必要があります。

このようなときこそ、教師が本気で生徒を悪く言ったり、プライドを傷つけるようなことは絶対にしない、どんなときでも君らの見方だということを伝えて信頼関係を深めるチャンスになります。

よーく聞け!!
ここが
ポイントだ

いいところを見出して スポットライトを当てる

よーく聞け!!　いまさら言うまでもなく子どもたちの性格は十人十色。だからこそ、それぞれのいいところを見つけ出してそこにスポットライトを当ててあげよう。この子のいいところはどこか、何が優れているのかなどを日頃からチェックしておきここぞというときに注目させるのだ。そのためにはやはりウォッチングが必要だし、スポットを当てるタイミングも重要になってくる。

第二章

教育力を身につける

生徒は毎日学校に来る

私は、毎朝すっきりと目覚め、今日も元気にがんばろうと自分にカツを入れます。そして、教師は自宅を出た瞬間から教育活動を始めなくてはなりません。

学校までの途中、生徒を見かけると、元気に挨拶をして一日がスタートします。教師は、たとえ自分の体調が悪かろうが、気分が優れないことがあろうが、生徒には関係ないことです。生徒は教師の都合に関係なく今日も学校に来ます。

雨が降ると、私はいつもより早めに登校し、職員室から校門を観察します。すると、傘をささずに登校してくる生徒が必ずいます。そこで、なぜ傘をさして来なかったのだろう、あんなに濡れてしまって大丈夫かと心配します。このように生徒の登校状況を見るのも教師の大切な役割です。ところがまったく何も考えていない教師も多くいます。本来なら濡れて来た子が風邪をひくかもしれないじゃないかと想像しなくてはならないはずですが、風邪をひいたのは、生徒が悪いと言って終わりにしてしまう教師も多くいます。

しばらくして医務室に熱を測りに来た子が、予想通り傘をさして来なかった生徒でした。濡れたまま授業に出ていたために熱が出たのです。そうなってしまってから、その子を抱きあげ、帰りには家まで送ることをするでしょうか。実際にはなかなかできないはずです。

何か理由があって傘をさして来なかったわけですから、理由を聞き出して、少なくとも濡れたまま授業に出すことは止めなくてはならなかったはずです。もう高校生だから自分でどうにかしなさいというのではなく、教師がしっかり見て、対応しなくてはならないこともあります。ほっておかれたのでは、いまの子どもたちはどこで大人の優しさを受けられるのでしょう。少なくとも学校では先生たちから受けるしかないのです。

毎日生徒があたり前のように学校に来るために気づかないことが多すぎます。それこそが問題だと考えます。毎日のことに変化はないが、何も変化がないこと自体すごいことであると考えてほしいのです。教師ならば「あたり前のことこそ大事なこと」だと自覚すべきです。

問題なく無事に学校に行けることこそ、何事にも替えがたい素晴らしいことだと再認識してください。

私たちは何気なく日々の生活を送っています。一日が終わり、また朝がやって来ます。あたり前のように呼吸し、あたり前に食事をし、あたり前に太陽の光線を浴びます。このあたり前の生活には、数えきれないほどの無数の恵みがあることを教えなくてはなりません。

私が看ていた老人の話ですが、トイレに行っても便が出ないという苦しみがありました。その老人は、出なくなって初めて便が出ることの素晴らしさがわかったといいます。みなさんは自分の便が出なくて痛くて辛いときの苦しさを想像できますか。これを想像できたら便が出ることに「ありがたい」と思えるようになるはずです。

同様に様々な苦しみを想像できる人は、子どもが悩みをかかえ「助けて欲しい」と言っているときの気持ちがわかるはずです。

毎日の平凡なことで、ついつい気がつかないことこそが最上課題だということを想像してください。毎日、生徒は学校に来ます。元気な笑顔と挨拶、そして一人も欠けずに揃っていることを「ありがたい」と感謝してください。そう思うと授業も楽しくなります。そして、子どもたちにも、あたり前のことを「ありがたい」と思えるように育ててください。

いまだ東日本大震災の被災地では、家族を失い、生活を奪われ、学校も失った多くの方たちがあたり前の日常を取り戻そうとがんばっています。被災地の子どもたちにとっては、家族のありがたさ、学校のありがたさが痛感できるのがいまです。私たち日本人はみんなでこの痛みを分かち合い、やがて訪れるあたり前の日常を「ありがたい」と感謝すべきです。

ところが実際には、あたり前を「ありがたい」と思わない教師はたくさんいます。もし私が病気で学校を休んだとしたら、どの先生が代わりに教壇に立ってくれるかと想像するだけでも恐ろしくなります。それは、他の先生の穴埋めを進んでしようという教師がなかなかいないからです。

「君らの担任がさぼりやがって、しょうがなく来てやった。早く教科書開きなさい」と思いながら不機嫌に代わりの先生は授業を始めます。すると、「やりたくなきゃ、やらなければいいじゃないか」と反抗する生徒も出てきます。このようなやり取りが続くと生徒は学校に行くのもいやになってきます。

「ゆっくり休んでください、僕が授業しておきます」と自然に言い合えるのが本来の教師同士の信頼関係です。信頼関係があれば生徒は担任が休んでも不幸や不利益を感じることなく学校に来ることができます。

教師間に信頼関係があれば、代わりの先生は、「今日は君たちの前で授業ができてうれしいよ。たまたまA先生が欠勤だから、私は喜んでこの教室に来た。授業させてくれよ。何ページからだ?」と言うことでしょう。

ところがそのような教師が組織の中に生まれなくなったのも事実です。社会全体が個人主義で事なかれ主義に走っている結果だからというのもあるでしょう。しかし、少なくとも学校社会だけはそんなことになってはいけないと思います。

よーく聞け!!
ここが
ポイントだ

あたり前こそ
素晴らしいということ

よーく聞け!!　なにげなく毎日を過ごし、「暇だ！」と言う人がいるが、大きな事件も事故もなく生活できていること自体が素晴らしいことだと思わなくてはならないはず。かつてチリで起きたサンホセ鉱山での「奇跡の救出」では限られた水と食料を３３人で分けて生き延びた。わずかな食料でもこれほどありがたかったことはなかったという。人間は極限状態になって初めて感謝の気持ちを持つ。であれば普段から感謝の気持ちを持つようにしたらどうだろう。生まれてきたこと、生きていること、空気や水、すべてに感謝の気持ちで接することができるはずだ。

教師は学びのデザイナーになれ

社会が複雑になってきたことで教育の現場も混沌としています。そのために一部の教師は「教育の壁」に突き当たって動けなくなっています。ところが、教師の悩みの多くは、子どもを思ったようにしつけられないといった単純なことなのです。多くの教師は、教室で生徒たちの私語を止めさせることができないのが現実で、しっかり教えることもできないため、生涯このまま教育者として全うできるのか不安がつのるばかりです。これは社会全体の問題でもあるが、教師であることの存在意義が不明確になってきたからだといえます。

生徒にいくら学びを教えても反発され、挙げ句の果てに、先生をあてにしなくなるだけでなく、知的欲求さえないといった状態もあります。一方勉強のできる生徒は、大学に行くと決めて、自分だけでコツコツ勉強をします。これで学校といえるでしょうか。

教師の中には、授業中の私語は、話している生徒たちが将来不幸になるだけだからほっておけという自虐的思考さえあります。これでは悪い時代のアメリカ的教育です。テレビや映画、ニュースで見るアメリカの子どもたちはとても自由に見えます。未成年なのにタバコを吸ってもなかなか取り締まられないでいます。「あの子たちは学校外で法を犯しているのだから警察が取り締まればいい」と言い、「あの子たちが誤って不幸な生き方をするのだからほっておけ」というのがアメリカの教師です。学校は関係ないといった部分がクローズアップされて自由に見えるだけです。その代わり教室の中、学校の中ではかってな行動は許さないというのがアメリカです。そのような環境の中で子どもたちは自分の頭で分別を理解して成長していきます。

学校の中では決して危険なことがあってはならないという部分は徹底していますが、外のことは個人にまかせます。ところが日本はそのような国民性ではありません。家庭と学校が連携して子どもたちを育ててきた歴史があります。

私は教師を職業としている人たちに研修をしていますが、集まった受講者に、最初に「先生たちは元気ですか」と聞きます。返事はあまり芳しくありません。だからこそ研修をしてもう一度教師という職業に命を懸けてもらいます。

いまの教師はあたらず触らずといった、変化を好まないスタイルが定着してしまっています。目の前で生徒が泣いていても、それをなんとかしようという人が少ないのです。それほど学校社会の中には重たい空気が流れています。どうにかしようと思っても、日本の教育の歴史の中で動けなくなっています。大学を出て、学校に赴任して、今日からあなたは先生ですと、いきなり最前線に出されて戦わなくてはなりません。職員室で隣に座っているベテランの教師も何も教えてはくれません。だからこそ教師や学校をもっとサポートするために、学校の中にシンクタンク的な別の組織を作って新しいシステムを構築しなければならないと思います。

これからの教師には、情熱を持って生徒に立ち向かう姿勢がさらに必要です。私は少なくとも大学の受験勉強をした人には力があると信じています。何かの目標を持ってそれを突破する力がある人だからです。同様に、一度は通らなくてはならない道をどこかで子どもたちには作ってあげなくてはなりません。大学受験だけではなく、資格試験でも公務員試験でも就職試験でもいいと思います。学びというのはどこかで本気になって一度目標を達成しなくてはならないのです。学校で言えば社会科の教員は経済学部や法学部出身の人です。別に歴史を専攻したわけではありませんが歴史を教えることもあります。そこで何が必要だったのかというと「学び」ということです。一度勉強して突破した経験があるからこそ何だって教えようと思えば教えられるのです。このことを頭において、子どもに目標を突破させることを情熱を持って教えてみてください。きっとできるはずです。とは言っても現実では教室の私語や注意散漫はなかなか解決しません。

みなさんも学生時代を思い出してみてください。授業がおもしろい先生とつまらない先生がいたはずです。おもしろい先生の授業には私語が少なく、つまらない先生の授業はワイワイガヤガヤではなかったでしょうか。ここで考えてください。子どもたちに目標を突破させるためには、教師は興味が湧くおもしろい授業をする必要があります。そのため授業には、生徒の注意をひく内容を演出するインストラクションデザインという考え方が求められます。

これは教育の現場で授業設計をデザインするというものです。

ここに、授業計画のシステム的な方法の必要性が議論され、アメリカの教育工学研究者ロバート・メーガー（Robert F. Mager）が三つの質問の大切さを指摘した「メーガーの三つの質問」という理論があります。

Where am I going?（どこへ行くのか？）
How do I get there?（どうやってそこへ行くのか？）
How do I know when I get there?（たどりついたかどうかをどうやって知るのか？）

「どこへ行くのか」とは、目標を明確にすることです。たとえば「東京スカイツリーの最上階に登る」というのを目標にします。次に「どうやってそこへ行くのか」は、最上階に登る方法を考えます。階段か、エレベーターか、あるいは他の方法かです。ここで、ゴールに至る道筋はひとつではないことがわかります。次に「たどりついたかどうかをどうやって知るのか」は、目標達成を評価する方法です。「東京スカイツリーの最上階に登る」というのであれば「最上階」という表示があればそれがゴールです。

授業で考えると「何を学ぶのか」「どのようにして学ぶのか」「どのようにして検証するのか」になります。教師は、あれこれ授業の内容を考えて、自分の得意なサポート方法で、すべての子どもがゴールできるように授業をデザインします。それがインストラクションデザインです。

教育者は学びのデザイナーであると考えると、人を育てるのもなかなかいい仕事だと思います。このことを毎日考えながら元気に楽しく過ごすと生徒たちも変わってきます。

教師が変わることで生徒が変わり、生徒が変わると学校が変わります。やがてはこの国の未来を変え、いつの日か大きな幸せが訪れます。生徒も教師も、そんな熱い情熱を抱いて学校に行くことができたらどんなに楽しいことでしょうか。

よーく聞け!!
ここが
ポイントだ

教師が変われば
生徒の心は活性化する

よーく聞け!!　インストラクションデザインとは「上手な教え方」のこと。目標をだれがどのように行い、その結果何ができるようになっているか。そして本当にできるようになっているか検証するものだ。勉強だけでなく人生のすべてにおいてこの方法は必要だと思う。だからこそ、この手法を大人たちが子どもに教える必要があるはずだ。

教師が変われば未来が変わる

近年の教育は、事故が起きるから事故を起こさなくするための指導をしようというものです。よく言われる、いじめがあるからいじめが起きない教育をしようというのと同じです。

それは、単に学校生活から「いじめ」という言葉だけを抹殺しようということかもしれません。言葉をなくし、それ自体が存在しないと言い聞かせて解決しようとしています。しかし「いじめ」という言葉をなくして、いじめの起きない指導をいくらしても表に出ないだけでいじめは根深く存在します。

人類の生存競争という自然界の決まりとして、弱肉強食は避けて通れません。すなわち、いじめは人間社会に存在する本能的な行為であるといえます。

さらに、いじめは大人社会を映す鏡ともいえます。子どもは見ていないようで、大人社会の行動をしっかりと見ています。学校で起きている問題は、大人社会が抱えている社会病理や矛盾を反映しているといえます。

いじめが大人社会を映す鏡であるというのは、子どもたちの間で行われている行動のほとんどは大人がとっている行動だからです。情けない話ですが、大人社会にも弱いものいじめは存在し、ニュースでは国会議員が涙を流すシーンが報道されているぐらいです。「大人だって人の言う事を聞かないで、勝手な事ばかり言っている、ボクらか騒いだっていいじゃないか」というのが子どもたちの意見です。

いじめと同様に学級崩壊や不登校は、学校と教師の指導力の問題のように思われていますが、大人社会が抱える問題と家庭環境に影響されていることが大きいといえます。だからこそ教師と学校は、知的な基礎学力を教えるだけのものに成り下がってはいけないのです。いじめや非行を無くすには教師が毅然とした態度で倫理ある行動を示さなくてはなりません。

学校は教育を提供し、空間を貸し出すだけのサービス業であってはならないのです。生徒をよく観察してよりよい方向に導いていくべきであり、「人間力」を育てる心の教育をする場でなくてはなりません。

人間力をもった子どもとは、「知識」だけでなく「探究心」や「自ら学び自ら考える力」を持ち、最後に「実行できる力」を養える子どものことです。この人間力さえあればいじめはなくなるはずです。

いじめが起きない教育をしようと努力し、くさいものに蓋をしてきたのがこれまでです。そして、ゆとりの教育という言葉を使ってごまかしてきたにすぎません。

いま、再度詰め込み教育を始めようとしています。ところが、世の中がふわふわした「人」「物」「金」の時代になってしまいましたから、詰め込もうとしても「やだよっ」と言う子どももいて、簡単には詰め込めなくなってきました。さらに悪いことに、自分はこうしたいという自由な発想を持った子どもに対しては、「規格外」だと烙印を押して取りこぼしていくのが現実です。

いま一度教育を考えると、子どもたちに起こっている様々な問題を大人たちが自分たちの態度を改めることで解決する必要があります。堂々と赤信号で横断歩道を渡り、電車の中で優先座席に恥じることなく座ることなど常識を逸脱した行為を身近なところから考え直すべきです。学校の中では、教師が率先してゴミを拾い掃除をすることだけでも生徒たちは変わります。

何度も言います。先生が変われば生徒が変わる、生徒が変われば学校が変わる、学校が変われば子どもたちの未来が変わるのです。

よーく聞け!!
ここが
ポイントだ

教師が変われば
未来が変わる

よーく聞け!!　教師が変われば生徒は変わる。しかめっ面をして授業をしていると生徒もつまらないし、やる気が出ない。そして、生徒は教師の鏡であることを忘れてはいけない。だから、努力を怠る教師の前に努力する生徒が現れるはずがない。毎日ニコニコ元気に接すれば生徒も元気になるものだ。人の心は感動することで動くのだから毎日が感動の日々に変えてみたらどれだけ楽しいことかわかるだろう。

教えられない教師たちがいる

どのような状況下でも教師が子どもたちに対して教育を与えられないことはないはずです。しかし、中には教育を受けられなかったという不幸な子どもたちがいます。

教育を受けられなかった原因としては親のかってな世界観から学校を否定したか、教師が手に負えないとあきらめて落ちこぼしてしまっているかのどちらかだといえます。

教師が特定の生徒に対して「教育をあきらめる」多くの理由は、その生徒の行動や言動が自分のモノサシで測りきれなかったり、自分の人生観と合わないからといった単純な理由からです。その生徒をほっておいても数年経てば、学校を卒業していくため、どうなろうと関係ないという事なかれ主義で終わらせてしまうというところです。

私は教師のこのような考え方はゆるせません。測りきれない生徒に対して、教師はそれを測るための新しい大きなモノサシを持たなくてはならないはずです。その生徒の尺度は長いのか短いのかがわからなければ教育はできないからです。何か問題が起こった場合、どのようにそれを理解しようかと上から下へ、右から左へ、下から斜めへといろんな角度からモノサシをあててみることが必要です。

そして、何日かかってもその計算をやり続けます。すると、ある瞬間に子どもの考えていることがパッと見えてきます。

たとえば、絵ばかり描いている生徒に対して、「勉強もしろ」と注意をする前に、その絵の良さを見ることが大切です。そこには無限の可能性が広がっており、学校の勉強というモノサシでは測れなかったものが、別の絵の才能というモノサシだときれいに測れることになります。

子どもは、生徒である前に人ですから、認めることで成長します。いいことはもっと楽しめと言ってあげてください。次に、勉強もおもしろいということをゆっくり教えていけば、その生徒は大きく変わるはずです。

よーく聞け!!
ここが
ポイントだ

子どものいいところを見る力を養う

よーく聞け!!　一言に見る力と言ってもただ様子を見るだけではだめだ。いったい真理はどこにあるのだろうと意識をして見るだけでその部分の裏や側面が良く見えてくるのだ。

こういう経験がみなさんにもあると思う。たとえば、赤いセーターがほしいと思っているときに町に出ると、やたらに赤いセーターばかり目につくと思ったことはないか。それこそが意識しているということだ。だから子どもたちを見るときにはいいところを見てあげようと常に意識して見てもらいたい。

「目の力」「耳の力」を持て

教師生活の中で、いま学校が普通ではなくなっていることに改めて気がつきます。かつては学校社会ではあまり起こらない事件や現象が頻繁に起こり、珍しくなくなってきたことから感じることです。たとえば、制服のまま手をつないでいちゃついている生徒が校内にいることや、授業中にふらふらと教室や校内を歩く生徒もいます。授業中に誰にもことわらずにトイレにも行きます。これらの行為を、しょうがないと見過ごしている学校や教師がたくさんいるから起こることです。しかし、学校や教師の責任として授業時間内に何か事故があってはならないという本来の職務を理解していればこれらの行為は見過ごせないはずです。ふらふらと校外に出て行って交通事故に遭った例さえあります。親は学校だからと安心して家を出しているはずなのに起こってはならないことが起こることがあります。だからこそ学校の外に不必要に生徒を出すなんてことはあってはなりません。

生徒は、授業中席に座って、姿勢を正して人の話が聞けるのが常識のはずです。これがあるから、本来あってはならない行為が普通になりつつあるのがいまの学校です。そんな時代だからこそ改めて「それでいいのですか?」とさまざまな面で学校に問いかけをする必要が求められています。

めったに起こらないであろう特別なことが特別でもなんでもなくなってきて、そこで心配なのは大きな何かが起きやしないかということです。このまま何かが起こってもおかしくない状況が続くと、加減と言うものがなくなります。

現実に、悔しいと思ったら考えることなしに仕返しをする子がすでにいます。階段で人を後ろからポンッとふざけて押すとどうなるのかさえ考えていません。相手を傷つけてしまうから止めようとは思わないのです。ですからこのような事件は頻発傾向にあるのです。どうやらいまの生徒はやってはいけないことや危険なことの区別がわからなくなっているようです。それを教師はしっかり教えなくてはならないはずなのにできていないから起こっているといえます。

こういう状況だからこそ教師は生徒の行動をもっと観察して事故を未然に防ぐ「目の力」を持たなくてはならないでしょう。そして同時に、情報をしっかり聞く「耳の力」も必要です。

あってはならないことですがこんな情報が入ることもあります。「あの生徒が妊娠しているみたいだ」といったものです。すばやく聞く「耳の力」があれば事前に対策が練られるものです。これも「耳の力」を働かせていないとわからずに時間が過ぎ、取り返しのつかない問題へと発展します。

観察とよく言いますが、教師には、生徒たちの現状を見極める観察力である「目の力」「耳の力」を養う必要があるのです。

よーく聞け!!
ここが
ポイントだ

生徒を知るには大人が力をつけなければならない

よーく聞け!!　子どもに対する大人たちの「目の力」「耳の力」は重要だ。教師にはプラス「教師力」も必要で、その資質能力の高さが要求される。日本では、教職の在り方として規定した最初のものは、明治六年に師範学校からの「少学教師心得」がある。その第一条には「凡教師タル者ハ学問算筆ヲ教フルノミニ非ズ父兄ノ教訓ヲ助ケテ飲食起居ニ至ル迄心ヲ用イテ教導スベシ故ニ生徒ノ中学術進歩セズ或ハ平日不行状ノ徒アラバ教師タル者ノ越度タル可シ」とある。教師とは授業の力だけでなく人間としての生き方指導も怠ってはならないものだ。明治時代の古いものであるがいまこそこの基本姿勢にもう一度立ち返るべきである。

子どもたちの「探究心」を養う

いまの教育には、「探求心」を養う教育が足りないのではないかと思われます。できれば、子どもたちには、自分から知りたいことを進んで学び調べることを習慣付けるように指導しなくてはなりません。これからは自分で調べて、物事を考えて新しい分野に向かっていく子どもを育てていかないと将来の発展は望めません。

情報化時代になる前の世代は何かの疑問が生じると、あれこれ調べて、気の遠くなるような長い時間をかけて解いていったものです。それがいまはインターネット検索などをサッと見るだけで大まかなことがわかってしまう時代です。恐ろしいのは、このインターネットに書かれたものが本当のことかどうかさえ検証しにくくなっていることです。中にはそれを鵜呑みにして間違った情報を手に入れてしまうことも多々あります。ですから子どもたちには、間違った情報を見分けられる知的な基礎学力と人を思いやるという人間的な生活の基礎を学ばせる環境を作っておいて、そこから先は自分で探求することを教えなくてはなりません。

探求するという習慣を持たないと自分で自分を表せない人間になってしまいます。そして、何か問題にぶつかったときには立ち往生してしまいます。

探究心を失った子どもたちは、問題に遭遇した場合にどのように解決するかというと、誰かに聞いて「あっ、そうなのだ」と簡単に納得してしまいます。そして、もしその解答が間違っていたとしても気づくことさえありません。これでは社会には順応しているがまるで抜け殻のような人間になってしまいます。

そこで、社会を生き抜くためには、ただ知識を教えるだけではなく「学ぶ意欲」や「自ら学び、自ら考える力」を養う、心の教育が重要になってきます。

「探求」とは、物事を熟考し、観察して比べたり、自分流に表現したりするものであり、なぜだろう、不思議だな、きれいだなと心に感じることです。そして、調べてみよう、行って見てみようと自ら行動するものです。「生きるために人は学ぶ」という精神で生きていかなくては明るい未来は見えてきません。

私は、生きている間は学び続けるべきで、学びを止めたときに生を失うのだと思っています。日本では多くの人が行動を学びだといいますが、そこには知行合一が伴っていないように感じます。まずは知識を得た上で探求し行動することこそが本当の学びです。「わかる」から「できる」そして「使える」ように指導することが心の教育です。

ところがいまの日本では職業訓練に重視を置く教育が進んでいます。将来の仕事に役立つテクニカルなことを第一に教えていき、創造的な探求は二の次になっています。

これらを修正教育といい、変わったことを考える者を極力排除し、すべての子どもたちが従順に社会になじんでいくように指導しています。これでは面白い発想は生まれにくくなるばかりです。

私は、もっと自由な教育環境を作ることで、この国はもう少し満たされた豊かさが味わえるような国になっていかなくてはならないのではと思います。そうすることで新しい発想や技術の芽が生えてくると考えています。

よーく聞け!!
ここが
ポイントだ

「わかる」喜びは探究心から始まる

よーく聞け!!　幼少の頃は、「これ何？」「どうなってるの？」といった疑問を大人に投げかける。このことからもわかるように人間は生まれつき「探究心」を持っている。やがて学校に行き、探究心を満足させるものとして「勉強」が始まる。そう考えれば「勉強」はとても楽しいはずなのに、なぜ「勉強」が嫌いになってしまうのだろうか。それは「探究心」がうまく育っていないからに違いない。「探究心」があれば「知らなかったことを知る」「わからないことがわかる」という喜びがあるはずだ。それを喜びとして感じられる子どもはすくすくと成長していく。親や教師が教えてくれることは自分の中の疑問を説いていってくれるありがたい言葉として受けとめられるのだ。だからこそ「探究心」を養うことが重要だと言える。

道草教育は成長過程で必要なもの

いまは子どもたちを危険から守ろうとあらゆる危機管理を追及しています。その結果、ある程度の安心安全の社会が実現されています。このような状態では、なかなか偉大な人間は生まれにくいでしょう。破天荒な人間はどんどん排除され、全員が無難な人間になるように教育されているのです。結局、一山いくらの甘くてそこそこおいしいみかんと同じです。同じ顔色をし、同じことを考える個性のない人間ばかり増えていきます。私はこれではいけないと声を大きくして言いたいのです。本当はみかんも、それぞれ味が違っているはずです。まして人間はもっと多彩でなくてはなりません。ところが、子どもたちも他人と同じであることが安心できるようになっています。変わった言動や行動はいけないと教育された結果がこれです。

学校では、登下校時に何かの事件が起きないように、決められた通学路を歩きなさいと指導しています。さらに、おじいさん、おばあさんに道端に出てもらい交通整理も行っています。本来、この登下校時に近所の友だちや先輩からいろんなことを教わる時間であったはずです。

昔の子どもは、「道草をくう」といって、家に帰るまでにいろいろなところを遠回りして冒険をしたものです。そこには子どもの素朴な豊かさがありました。みなさんも経験しているように、ほとんどの人が、通学での道草を楽しんでいたはずです。

大人は自分たちが道草を楽しんでいたはずなのに「道草は無意味だ、危険だ」と言います。はたしてそれでいいのでしょうか。私は道草にはさまざまな有効性があると考えていますし、子どもたちの精神の成長や思考方法、社会化には必要不可欠なものだと思います。都市部では友だちと何か飲食をして帰り、田舎では昆虫を採って遊んだりして道草をくいます。そこには必ず新しい発見があります。近道を考えたり、畑の作物の成長を見たりして、試行錯誤から答えはひとつでないことを覚えていきます。そして遅くなった自分を母親が待っています。「ただいま」と帰ると、「遅いわね」と怒られます。そのときに言う言い訳も考えています。

「友だちの家で宿題をしていた」とか「学園祭の準備があった」などと嘘だとわかる言い訳をします。親は嘘を指摘するのではなく、無事に帰ってきてくれたことをほめてあげればいいのです。

道草をすると、街の構造を知り、見知らぬ人と出会い、叱られないようにうまく帰る方法も考えます。道草で知恵が付いていきます。知識は学校で学べますが知恵はこういうところから学んでいきます。知っていても知恵がないから使えないのがいまの子どもです。だからこそ答に至る思考の過程や、友だちと一緒に学び合うことを大切にする道草教育が必要です。

また、学校の授業の中でも道草を取り入れるべきです。答えが出たら「そこで終わり」では知識は覚えても知恵は付きません。答えが出たときに「違う考え方の人はいませんか」と聞いて、もしいたら説明を求める必要があります。その生徒は、一生懸命説明しながら間違いに気づいていきます。クラスメイトたちも同時に、そんな考え方もあるのかと発見があるはずです。やがて人生の答えはひとつではないということに気づきます。違う考え方もあるはずだからもっと考えてみよう、こんな解き方もあるからやってみようと発想が多く出るようになれば道草教育は成功です。

よーく聞け!!
ここが
ポイントだ

道草から生まれる「なぜ?」が大切

よーく聞け!!　子どもたちは、学校から家への登下校の道草の楽しさやおもしろさがわかると、今度は勉強の道草もするようになる。単に答えや結果だけを重要視するのではなく、そこに至るまでの過程に何かおもしろいことはないかと試行錯誤することを楽しむのだ。

みんなで答えを発表し合って、いろんな考えを学び合い、そして聞き合うのだ。そこにたくさん生まれるのが「なぜ」という疑問だ。そういう道草ができるようになれば学校教育も捨てたものじゃない。

かたちの教育で子どもは変わる

教師の質が落ちてきていると言われていますが、これは教師側の問題だけではなく、社会全体の流れもあってのことだと思います。本来、教師という職業は二十四時間体制で臨まなければならなかったものですが、始業時間から終業時間までをこなせばあとは自由な時間だという現代の個人主義に迎合した結果、質が落ちたと言われることになったようです。

いまは、夕方四時半から支度をして五時にパッと帰る教師の方が能力があると評価されてしまう時代です。七時八時まで残って仕事をする人は劣っているという見方をされがちです。たしかに処理能力の速い人はいますし、人の何倍もかかってしまう人もいます。しかし、どちらであろうと仕事をこなせばそれでいいはずです。しかし、時間がかかる人はうまく世渡りをしていかなくてはならないという理由から能力の高い人と一緒になって定時に帰ろうとします。当然やらなければならないことが終わってないことがあります。その結果、生徒対応に取りこぼしが出てきてしまいます。そのまま時間は過ぎていき、子どもたちは卒業して行きます。次年度に新入生が来たら、新たにリセットして気持ちだけは「一からがんばる」という無責任な教師がいます。このような教師が増えたことから質が落ちたと言われることになったのでしょう。

この現象は、教師自身が自分の仕事内容が割に合わないと思っているから起こっているというのもあります。なぜ割に合わないと考えるのかというと、努力しているだけでもうまくいかないし、うまくいかなければ問題になります。あれもこれも気を遣ってヘトヘトになって残業までして一生懸命やっていても、評価はどうとられるかというと「あいつは能力がないから」と言われてしまいます。どうせ言われるならそこそこでいいという考えになったのです。ですから昔ほど努力を惜しまないという教師はいなくなりました。

ある教師の夫人が私に手紙をくれたことがありました。

「私の主人はしっかり仕事をしていますでしょうか？　家では本ひとつ読んでいる姿を見たことがありませんし、本屋に行ったことさえありません。新聞も読んでいないようです。テレビもプロ野球とバラエティー番組しか見ません。挙げ句の果てに、酒を飲んで寝てしまう毎日です。教職とはそのような職業なのでしょうか」といったものでした。

私は正直に、御主人は学校でもどうしようもない失格教師ですよと伝えました。そして、そのままにしておくわけにはいきませんから、その教師を注意して観察するようにしました。

「自分の家の子どももしっかり見てやれよ。家庭がうまくいかないと生徒にも影響するぞ。家ではうそでもいいから本を読んでいる姿を子どもに見せてあげなさい」と指導しました。

教師に限らず、どこの家庭でも父親の姿はしっかり見せておかなくてはならないものです。それが「かたちの教育」です。この「かたちの教育」というのは言葉使いや服装などすべてにおいて整えておかなくてはならないものです。親として清潔感があり、きちっとしたものを身につけることだけでも子どもに対しての教育になります。親として歩く姿、本を読んでいる姿、字を書いている姿などもしっかり見せることが大切です。自営業の家庭では父親の仕事はよく目にしますが、会社員の父親の姿はあまり見たことがありません。父親が家ではカジュアルな普段着でいるのに、会社に行くときはスーツ姿で出かける姿も子どもはしっかり見ています。一歩進んで、会社ではスーツ姿から作業着に着替えて油まみれになっているとしましょう。子どもは何かの機会に父親の会社に行ってこの作業着姿の父親を見たときに「ドキッ」とします。父親は家族のために一生懸命働いているのだとここで初めて認識します。父親の姿は家と出勤のときしか見ていませんから、この刺激は成長過程で大切なものとなります。

そして、学校での教師の態度もしっかり生徒たちに見られています。努力している教師は評価されます。逆に評価に値しない場合は言うことを聞かなくなります。

私の教え子の中に、会社から帰宅すると母親が用意した和服に着替える父親がいました。この父親は堅物の代表といえるものでした。そして、こういう家庭の子どもは得てしておかしくなります。子どもから見た父親は、融通性がなく、おもしろくもなんともない人物に感じるだけでなく、ワンパターンで、変わってる人だと感じていることでしょう。世間では素晴らしい父親かもしれないですが、それがすべてではありません。「かたちの教育」とは堅物の父親を見せることではありません。姿を見せるだけでなく、子どもとコミュニケーションのキャッチボールをしっかりしなさいということです。

親子のキャッチボールでは、言葉のキャッチボールだけでなく、肌と肌のキャッチボールも必要です。小さい頃には親子で相撲をとります。当然親父は負けてあげなくてはなりません。しかしそれだけでは子どもは成長しません。ときにはぶん投げることも必要です。そこから悔しさとか悲しさを学習していきます。そして次には父親としての威厳を持った会話とかたちが必要です。それが父親の場合は職場の姿であり、教師の場合は何らかの素晴らしい才能やとりえを持っていることです。理想は子どもが大人にあこがれるという状態を演出することです。しかし近年はこのことが非常に陳腐化しています。ですから大人も自分がどうどうと見せられるかたちを探さなくてはなりません。

私の学校にこんな教師がいました。何をやっても中途半端で生徒にも同僚にも人気のない先生でした。このままではいけないと、校長として、この教師に何かとりえはないかと探さなくてはなりませんでした。

生物の教師であったため生物部の顧問をお願いしました。するとその教師は生態系の研究をするために、子どもたちと河原に行ってしじみを採りを始めたのでした。やがて、この研究によって日本古来の種類と外来種について初めてわかったことがたくさんあり、県から表彰されました。それまでは、どうしても生徒とうまくいかない、親からも突き上げられるという問題も多少あったものの、部活で成功したことで生徒がついていきだしました。「あの先生は県で表彰された」というだけで人気者になりました。このことからわかるように、ときには先生も輝かせてあげなくてはなりません。当然、子どもたちもこの教師を慕い、生物の勉強も一生懸命やるようになりました。そして、いまではその教師は日本では有名な研究者のひとりになっています。

このように「かたち」を見せるだけで子どもたちはいまの何倍も輝くということを知っておいてください。

よーく聞け!!
ここが
ポイントだ

大人の姿を見て子どもは成長する

よーく聞け!!　教師が子どもに一生懸命努力している姿を見せるのは、生徒の成長にとって重要なことだ。

生徒からすれば自分が大人になったときにどう暮らせばいいか、どのように働けばいいか、どういった大人になればいいのかの手本が教師の姿にある。

だから、いつ見られてもいいように日ごろから締まった生活を心がけなくてはならない。これこそが現場の「かたちの教育」だと思ってくれ。

感性教育で「心」を取り戻す

戦後の経済成長以降の日本人は、「もの」中心の考え方が優先し「心」が置いていかれる傾向にありました。その結果、世の中は金太郎飴のように画一化していきました。顕著な例として、若者の話し方や服装に個性がなく、顔つきや表情までも似かよっており、独創性がなくなりつつあるように感じられます。なぜそのようになったかの原因のひとつは、実体験におけるさまざまな経験が不足していることが考えられます。言葉の幅広さを知らずに簡単な言葉だけを使い、友だち同士で同じ行動ばかりを繰り返すことで物事に臨機応変に対応できなくなっているといえます。

そこで重要なのが感性教育です。感性教育の目的は、「子どもたちが、自ら気づき、自ら学び、自ら考え、自ら行動できる」ことを教えることです。人間は知性と感性で生きています。この知性と感性は他の動物にはない、人間だけが持った創造物を作り出す特別な能力です。この能力によって、文化や芸術、教育、科学、技術などを発展させてきました。創造により、物質的豊かさや科学の進歩、機能的に便利な社会として恵まれた時代になりました。しかし一方で、「心」の豊かさをみると文明が発達する以前の時代よりも貧しいといえます。

ＩＴの進化によって人と人とのつながりは世界中に広がり、見知らぬ誰とでもつながりがもてる世界になりましたが、支え合うべき身近な人との信頼関係は極めて表面的なものになりつつあります。子どもたちはコンピューターゲームのバーチャルな世界で育ち、ゲームの中ではどのようなことでも実現できるようになっています。そして、ボタンを押すことで人を痛めつけることも簡単にできます。そこでは人の痛みや悲しみは現実ではありません。そのために人の心情を察する感性は一切働かないといえます。

たとえば、サッカーゲームでも蹴ったり、走ったり、ぶつかったりする動きの実感もなければ、シュートが決まったときのうれしさやはずしたときの悔しさは直接の感覚では感じられずにゲームの結果でしか認識できません。このことが根底にあって架空世界と現実世界の区別が付かずに凶悪事件に発展していることは周知のことと思います。実際の社会生活の中にいても、人間関係での心情や苦労、自然環境での感覚や空気の匂いなどが感じられなくなっています。だからこそ感性教育を取り入れなくてはなりません。サッカーもゲームの世界ではなく、グランドに出て自分の身体を使って行うべきです。実際に身体を使うことで、疲れも感じられますし、試合の結果に一喜一憂することもできます。

一言に感性教育と言ってもその方法はさまざまです。よく行われる方法として、芸術に出会わせることがあげられます。素晴らしい作品に出会い、何かを感じることができればいいのです。しかしながら、いいものとは何か、どう感じればいいのかなどがとても難しいのです。わからなくなったときには、逆の発想で感性が育たないのはどういう状態かを考えてみてください。

有名な絵画を鑑賞したり、読書をするのはいいことですが、すぐに感想文を書かせると感性が育たないということもあります。そのときに観て感じた自分の気持ちが、もしかしたら他の原因ですごくゆがんでいるときだったらどうなるでしょう。逆にすごく豊かさを持っているときにパッと観たら感情の向き方も違います。

ではどうするのがいいかというと、時間が経ってから思い返して感想文を書くか、話させるのがいい方法です。自分のそのときのコンディションを思い出して、情緒が安定しているかいないかを振り返りながら、純粋に作品のことを思い出すと「ああ、あれはよかったよな」「こういう気持ちになった」となります。冷静に思い返すことで記憶にも残りますし、より大きく感性は育つのです。

また、感性教育の別の方法として、学校内の清掃活動があります。校内に落ちているゴミを進んで拾う子どもに育てるには、「校内のゴミを拾いましょう」「ゴミを捨てないようにしましょう」と言うだけではなく、教師自らが率先してゴミを拾う必要があります。ゴミを拾うのは、ただ単に清掃をするということだけではなく、きれいにするという責任であり、みんなに気持ちよく生活してもらいたいという誠実さと優しさです。さらに、人目を気にせずどうどうと拾うことは勇気にもなります。その姿を子どもたちに見せることで、責任、誠実、優しさ、勇気を気づかせるのも感性教育です。

また、旅行をすることも重要だと思います。知らない土地を訪れていろんなものを見せるのです。そして、旅先で人の話を聞くことだけでも視野が広がり感性が育ちます。ですから私は、「心の旅」と称して修学旅行には他の学校と違ってより感性を刺激するような場所を選んでいました。

最初に訪れた場所は、米国からの返還前の沖縄でした。複雑な手続きをして身分証明書を発行してもらい、まるで外国に行く感覚で行きました。

現地では、説明も解説も何もせずに、ひめゆりの塔に行き、そこでガイドさんからここで何があったかを聞きました。「みなさんと同じ高校生たちもいました」とガイドさんは説明して歌を歌ってくれました。このときに生徒たちの感情が動きました。その時代は私の学校は荒れている生徒だらけでしたが、彼らが話を聞いて涙を流したのです。これこそが正に感性が育った瞬間でした。その瞬間から生徒たちには目的が生まれ、世界平和を考えるようにもなり、自分の幸せ感を考えるようにもなりました。そして、そのためには勉強しなくてはいけないという自覚も芽生えました。このように感情が動くだけでなく、だからどうすればいいかなどのつながりの理屈を作っておくことこそが教育です。それがないとただ単発で終わってしまい意味がありません。要は未来につながる連携ができていない感性教育ではいけないということです。

よーく聞け!!
ここが
ポイントだ

感性教育で
子どもたちの自立を目指す

よーく聞け!! 「感性教育」が目指すものは、ズバリ子どもたちの「自立」だ。スポーツをしたり、芸術鑑賞をしたり、何かを体験することで心をワクワクさせることがまず第一だ。

しばらくして、そこで見たことや行ったことを客観的に振り返って見直すことで、新たな「気づき」に出会うことができる。気づくことができれば、今度はそれを応用して次のステップに行く。このサイクルこそ感性教育だ。これを繰り返して子どもたちは自立した大人になっていくのだ。

知恵は人生を豊かにする泉

知恵と知識といいますが、教育によって知識を得ることから発展して知恵が生まれます。知識だけを詰め込んでいても行動が伴わなければ意味がありません。ものごとをわきまえて適切に行動できる人間になるためには知恵が必要です。知識をたくさん持っていても、知恵を著しく欠いている人は社会生活の面で問題があります。

ものを見て、何が想像できるかというのは知恵です。最近の教育にも想像性がなければならないという意識は出始めましたが、やはりまだまだ知識を詰め込み、答えを導き出す方法論を教えがちです。

小さい子どもが知り合いのおじさんからお菓子をもらったときに、母親が「ありがとうは?」と言葉を強要するシーンを見ます。本当は、「○○クン、何か言うことないの? このおじちゃんからお菓子をもらったでしょ」と言うべきです。子どもは「ウンッ」と考えて「ありがとう」と自主的に言えるように育てていくべきです。ただの反射的な言葉としての「ありがとう」を教えるから合図のようになってしまっています。親も「ありがとう」の意味を解していないからそうなるのではと思います。

漢字に書くと「有り難う」は、有ることが難しい状態です。それを行ってくれる人に対して感謝する言葉としてあるものだと教えてあげなくてはなりません。

また、最近では子どもが危険にさらされた場合にどうすればいいかの教育も少しおかしくなっています。建て前ばかりにとらわれ、大きな声を出しなさいとか、ベルを鳴らしなさいと教えています。

私は、危ないと思ったら、まず最初に逃げなさいと教えています。それ以外にありません。知恵があれば何が危険でどうやって逃げるかもわかるはずです。ところが知識だけではマニュアル通りの行動しかとれないために本当の危機から逃れられないこともあります。

たとえば、田舎道を歩いていて、目の前にヘビが出たら逃げるのがあたり前です。同じように何かの危険が迫ったら逃げるということを教えればいいのです。

いまは子どもたちに、「逃げる」ではなく危険に遭遇しないようにしましょうと教えています。そういう意味で言えば人間社会は作られたものばかりです。たとえば交差点でクルマの動きを見て危険かどうか判断するのではなく、信号の色で危険を判断します。だからこそ赤信号でも間違って突入してくるクルマがあることを教えなくてはなりません。特にこれからの子どもたちは、先人たちが作ってくれた一見安全なところを歩まされているだけです。

いまの幸せ観は、すでに経験している人の幸せしか味わえないわけです。だからこそもう少し自分たちの社会の幸せ観を創造していかなくてはならないと思います。お金があって、結婚して、子どもができて、食事ができて、暖かい寝床があればいいと思っています。これこそ誰かが描いた幻想を追っかけているといえます。本当は貧乏でも自分の幸せは何かを持っている人のほうが幸せだということを気づいてもらいたいのです。

知恵は人生をより楽しく豊かにするものです。ですから、子どもとコミュニケーションとしての言葉のキャッチボールをするときには知恵を使います。大人はドーンと大きく構えて、かたよらないように、子どもの言葉を受け取ってあげて、話を聞いて血の通うキャッチボールをしなくてはなりません。すると子どもも大人の気持ちをそこねないようにしっかりとボールを投げ返してきます。そのうちにこちらも難しいことを言います。これは取りにくい変化したボールを投げるようなものですが、子どもは苦労してなんとか取れるようになります。今度は、ボールを取れるようにまっすぐ投げてあげると、子どもも取り難いボールは投げてはいけないことに気が付きます。その後は一生懸命取りやすいボールを投げようとしてきます。このようにして人と人の会話やコミュニケーションの方法を学んでいきます。そして、これこそが身体で覚えた人間社会のルールになります。

大人社会でも人間関係が希薄になったと言われますが、やはり言葉のキャッチボールがうまくできていないからのことです。知恵を使い、誰とでもしっかりキャッチボールができる子どもを育てることができれば、それは将来の明るい社会の実現につながるのです。

よーく聞け!!
ここが
ポイントだ

受け取りやすい言葉のボールを投げることが大切

よーく聞け!!　言葉のキャッチボールをうまくするためにはまず、聞き手になる相手が受け取りやすいボールを投げなくてはならない。そのことを子どもに教えるためには、毎日言葉のキャッチボールを繰り返していくことが必要だ。

対話はひとりではできないが、もしひとりで壁に向かってボールを投げたときに、はね返ってきたボールが取りやすかったのは自分の投げ方がよかったからだということを知らなくてはならない。同じように相手に届く言葉は相手のことを考えて、やさしい投げ方にしなくてはならないだろう。それを日常の実践で教えるのが大人だと思う。

第二章

子どものことをよく知る

子どもを自分の懐に取り戻す

親子関係には、さまざまな形があります。子どもを甘やかす親、厳しい親、放任主義の親、成長をしっかりと見守る親などです。どのような関係であっても共通して言えることはすべて親から子への「愛」の形の表れだということです。この「愛」は根底に絶対的なものがあり、無償であり、純粋なものです。この世の中にこれほど高貴なものはありません。

ところが、この「愛」に包まれていることを時折親子は忘れることがあります。

ある生徒が万引きをして補導されたとき、高校の応接室での三者面談のときの話です。

「何でこんなことしたのか」と親は聞きます。子どもはぶっきらぼうに「欲しかったから」としか言いません。それでも親は、「人の物に手をつけたらダメなことぐらいわかっているだろう。食べるもの、着るもの、何一つ不自由な生活はさせていないはずだ。よそ様以上に贅沢させているじゃないか。盗ったものはどうしたのだ」と問いつめます。観念した子どもは「机の中にあります」と小声で答えます。しかし、本人には万引きで手に入れた物を本当に欲しいという理由などどこにもありません。戦後の貧しく、ごはんが食べられない時代には、買えないから仕方なく窃盗をしたものですが、いまの時代は違います。万引きは遊び型非行の一種になっています。遊ぶための小遣いが欲しくて、万引きした商品を友だちに売ってお金にすることが多いのです。正にあってはならない非行がゲーム感覚で行われているのが現実です。

この親子の会話を聞いて、教師ならば根本的に親と子の話が噛み合っていないことに気づかなければなりません。何不自由のない生活をさせているから他人の物に手を出すはずがないではなく、この子に対して親が気づいてほしいのは、どんな贅沢さよりも「心の傷」がそこにあるということです。この「心の傷」とは、お父さん、お母さんの「愛」のことです。

この会話の先には、親は腹を立て、権利を振りかざして、「こんなことをする子どもは私の子ではない。出ていけ」と投げやりになります。挙げ句の果てに、「先生、この子は退学でいいですよ。すぐに手続きしてください」と簡単に済まそうとすることさえあります。

それに対して、「ああそうですか。わかりました」とあっさりと言う教師もいます。これでは何の解決にもなりませんし、とても教育とはいえません。

一方、一見まじめそうな子どもが非行をした場合の三者面談では、「うちの子に限ってこんなことはありえない。きっと何かの事件に巻き込まれたのだろう」などと言い、お父さん、お母さんは教師に向かって一生懸命に自分の教育方針を語ります。すると子どもがきょとんとしている姿によく出くわします。普段両親から聞いたこともない言葉が次から次へと出てくることに困惑するからです。このとき、子どもがきつい表情になっていくことがわかります。幼少の頃の親に対しての想い出から抜け出せないで精神的な混乱を招いているといえます。優しく抱っこしてくれていた頃の、あの「ぬくもり」が頭のどこかにあって離れないのです。

中高生になったからと、大人扱いされて突き放されたと感じたときに子どもの中に非行化はみられます。本人に、親を困らせてやろうという自覚があればまだいいのですが、ほとんどは無意識に「僕を見て、振り向いて」という精神の抵抗から非行は起こります。親に気づいてほしいのは、まだまだ子どもであるということです。腹一杯食べたいのは「ごはん」ではなくて「愛」なのです。停学になっている間は両親のどちらかは仕事を休んででも、子どもと毎日付き合ってもらいましょう。特に母親は、おっぱいを飲ませて育ててきた子どもですからわかるはずです。こういう機会に感謝して、もう一度、子どもを自分の懐に取り戻してもらいたいのです。事件を起こしたときこそ、親子の時間を取り戻すチャンスだと考えましょう。

よーく聞け!! ここがポイントだ

あなたはどのような モノサシを持っている？

よーく聞け!!　親は自分の子どものことをわかっているように感じているが、たとえ親子でも兄弟でも夫婦でさえ持っているモノサシは違うはず。だれもが自分のモノサシで人を測ろうとするが、測りきれないことからけんかになり後悔することがある。特に子どもには、放置するのではなく、優しく見守ってはみてはどうだろうか。それを繰り返すうちにモノサシも大きくなってくるはずだ。

誘惑をはね返す勇気を持て

世界中で喫煙者が減少しつつあるにも関わらず、日本では逆に未成年の喫煙者が増加し、低年齢化しています。

平成十二年度の厚生労働省の調査では、高校三年生の男子生徒の約三人に一人（36・2％）、女子生徒の約六人に一人（15・8％）に喫煙の経験があると報告されています。また、平成十六年度の調査では、男子生徒の喫煙経験は、21・7％。女子生徒は、9・7％と激減しています。これを見ると一見改善されているように見えますが、自販機の年齢認証システムの出現などで、まず買わせないという水際の作戦が成功しているだけのことです。ところが逆に、より深いところ、すなわち子どもたちの罪悪感や喫煙に対する興味をさらに裏側に隠していくことにつながっているともいえます。

昔から子どもたちの非行のスタートは喫煙からです。遊び心や興味から、たった一本吸っただけのつもりが常習化して、そのうちに吸わなくてはいられなくなってしまいます。親や教師は何度も喫煙を発見して取り上げますが、いつのまにか、また吸います。これまで、このいたちごっこを何度も繰り返すことで徐々に言い聞かせて喫煙をやめさせていく方法が採られてきました。このように本来の教育は、何度も注意を繰り返す中で、ルール違反はいけないということを教えていき、やがて子どもたちもそのことに気づき、学ぶことで解決へと向かいます。

ところが、先述したように、いまの教育はちょっと違います。大人たちは「タスポ」や「運転免許証」などの認証システムをクリアしないとタバコを買えない仕組みばかりを考えています。そして喫煙率が下がってきたからこの方法は成功だったと勘違いしています。教育ではなく、規制によって押さえつけようとしているだけです。問題は、この方法では子どもたちの自助努力によってタバコを吸わなくする方法がとられていないことです。

また、手に入りにくいタバコを、こっそり吸うという行為がさらなる非行を生んでいきます。先に成人した先輩からタバコを譲り受けることで大人の世界に入った気になります。これまでトイレやバルコニーで吸っていたタバコをもっと見えない場所、すなわち先輩のクルマの中や勤め先のバーなどで吸うようになります。するとそこには別の誘惑も現れます。そして、タバコから始まった非行は一つずつハードルを越えていきます。だからこそこの段階でしっかりと指導して本人の自助努力で止めさせなくてはなりません。方法としては、頭ごなしに「タバコを止めなさい」ではなく、徐々に止めさせていくことが必要です。見つかって停学になってもいいのです。そこで、自分は「なんてバカなことをしたんだ」と悩み苦しめば成功です。子どもたちの本質はまだまだ素直だということを忘れないでください。そして親や教師は、一緒に悩んであげるのが一番です。そして喫煙を止められた子どもをほめてあげてください。自分が本当にルール違反をして、みんなに迷惑をかけたと思えたら、その子どもはもう大丈夫です。

また最近は、別の問題も出てきています。私の学校で、友だち三人で遊んでいる最中に、その内の二人が喫煙で補導されたことがありました。二人は停学になり、もう一人は注意で済みましたが、本当はこれではいけません。三人でいて、一人だけ知らなかったでは済まされないはずです。親は自分の子どもだけタバコを吸わなかったからよかったではなく「自分も悪かった」と連帯責任を取れるように育てなくてはならないのです。たとえ悪いことでも仲間と同化できなかった自分の子どもに対してむしろ疑問を持ってもらいたいと思います。

子どもたちは、違反したら誰に迷惑がかかるのかを自分で考えて反省できることが大切です。さまざまな誘惑が渦巻いているからこそ、問題をひとつ一つ解決しながら自分で考えることのできる子に育てていくことが望ましいのです。

よーく聞け!!
ここが
ポイントだ

どうすれば
タバコを吸わなくできるのか

よーく聞け!!　喫煙が他の薬物乱用や非行の入口になっていることを考えるとどうにかして止めさせたいものだ。喫煙の最初は友だちの誘いからというのがほとんど。だからこそ子どもには断れる勇気を持ってもらいたい。そういう場面に出くわしたら、「まず逃げろ」と言いたい。

生徒の目線に立つということ

うちの子は不登校で、家庭内暴力も激しいのですが、どのように対応すればいいでしょうか、と切実な相談を投げかけてくる親御さんがいます。

その場合に、まず考えなくてはならないのは、なぜ非行化してしまったのかという理由です。この、あたり前のことを追求せずに、問題は解決できません。

もし、生徒が非行化していることがわかったら、一体何がどのように悪かったのかを子どもの目線に立って冷静に考えることを保護者の方に伝えます。

私の経験から思い当たる原因では、子どもと親の考えている次元にギャップがあることが考えられます。その中でも、父親が世間一般的に立派な場合がとても多く感じられます。子どもは立派な父親の姿を見て、それを乗り越えるのは不可能と思い込んでしまうからかもしれません。

父親は、会社や家の外では偉いかもしれませんが、どこの家庭でも家の中では変わることなく、まず親であるということを忘れてはなりません。それを家の外と同じように偉ぶっていると、親子で違う次元にいることになってしまいます。家庭内で親子が同次元で会話ができていないから、我が子が不安でいることにも気が付かないのです。同じ屋根の下に住みながら、あまり顔も合わせないし、会話もないというのでは、まるで家の中でお互いが家出をしているようなものです。もし、このように家庭内家出が発生しているなら、もう一回家族を家の中に取り戻さなくてはなりません。

子どもの非行は、単なる反抗をしている訳ではなく、自分で自分の行動が理解できていないと考えてください。大人からは「何度言ってもわからないんだな」と言われ続けますが、本人は、自分の行動が悪いことだということぐらいはわかっています。そこで頭ごなしに話すのではなく腹を割って同じ次元で話すことを親御さんに伝えます。

そして、親はそんなに偉いものではないということに気づいてもらいます。また、親の姿勢として、子どもに対して社会一般から見たものの言い方は決してしないようにアドバイスします。大人社会の一般論ではなくて、親としての意見を子どもに投げかけるようにしてもらいます。そうして自分の子どもをもう一度振り向かせるように仕向けます。

父親は「たとえどのようなことをしたとしても、お前の父親は私なんだ」「どんなことがあっても私の子だよ」と言い、母親は「間違いなく私が生んだ子どもがあなたなのよ」と声に出して言わなくてはなりません。もし、何らかの事情があって本当の親ではなかったとしても、その事実をしっかり語った上で「それでも、お前は私の子どもなんだよ」と強く言うのです。そう言うことで、自分の子どもを振り向かせて、立ち止まらせて、こちらを向かせるのです。この手法を取らないと問題は先には進みません。あたり前の簡単なことですが、これをいつまでもしないから、同じことが繰り返され、子どもを懐に取り返すのに時間がかかることになります。子どもを立ち止まらせて、振り向かせることができたら、次は家の中に居場所を作ってあげてください。

ここに私の生徒の家庭での事例があります。

朝起きてこない子どもがいました。腹を立てたお母さんは、あきらめて朝食を作らなくなりました。すると、みるみる親子の会話もなくなり、子どもは非行化していきました。この問題を解決するために、母親は再度朝食を作ることにしました。来る日も来る日も根気よく朝食を作ってテーブルに用意しました。やがて、それを食べるか食べないかが親子の競争になっていました。ところがある日、子どもがフッと起きてきて朝食を食べて、母親の料理に涙を流した瞬間がありました。その日から、三日に一度、四日に一度と子どもが起きてきて家族と一緒に食事をするようになってきました。やがてその子は毎朝食事をとるようになり、家族との会話が始まりました。その結果、家族はひとつになって子どもを家の中に取り戻したのでした。この事例でもわかるように家の中で親子が同じ目線に立つためには、食事中の会話から少しずつ始めることがいいといえます。

家族で食事をしない子どもは、コンビニで何かを買ってきて食べたり、インスタント食品を自分で作って食べる毎日ですから、小さい頃に味わった母親のおいしい食事をとることでホッとするはずです。そのきっかけを作るのが母親の役割でもあります。

次に父親は、子どもと会話をするように心がけてください。子どもの話に付き合っている暇などないと言っている場合ではなく、しっかりと同じ目線、同じ話題で話をするようにしてください。

さらに、家におじいさんやおばあさんがいる家庭もあります。場合によってはこの二人が登場して間に入って立ち直らせる方法もあります。おじいさんやおばあさんは子どもの目線をよく知っていますから自然と話ができるものです。

最後に、子どもはただ朝起きて食事をして学校に行けばいいというだけのものではありません。自分からそうしたいという自発的な人になってもらわなくてはそこには成長はありません。そのために家族中でサポートして見守ってあげる必要があります。非行化していた子どもが「お父さん、学校に行っていい？」と自発的に言ってきたらそれが答え。家族中で気持ちよく送り出してあげてください。

この親子関係に戻すまでには本当に根気がいることですが、あきらめずに続けることが良い結果を生み出します。

「父は照り　母は涙の露となり　おなじ恵みに育つ撫子」という歌があります。父親の力強い愛情と、母親の優しく見守る愛情によってすくすく育つのが子どもだということを忘れてはいけません。

よーく聞け‼
ここが
ポイントだ

子どもの目線で話すとは？

よーく聞け‼　子どもがまだ幼少の頃、かがんであげて同じ目線で話したことがあったはず。やがて身長も親と同じぐらいになり、生意気に見える。ところが中身はまだまだ子どもだと思ってくれ。だから同じ土俵に立って大人の優位性を振りかざすのではなく、どっしりと横綱の気持ちで受け止めてあげてほしい。何が不満の要因なのか、推測はできてもなかなか本質はつかめない。そこで子どもの目線の登場だ。まだ未経験なことが多い子どもと、経験を積んだ大人では見える世界が違う。思い返してくれ。「どうして、こんなことができないのか」「やる気はあるのか」と大人の目線は上から見ることがいかに多いことか。子どもと同じ目線でものを見て、大人の目線で考えると「こうしなさい」「早くしなさい」「それはだめ」などの言葉は簡単には出なくなるはず。そのことを親御さんに伝えるのも教師の役割である。

キミたちの味方であると伝え続ける

かわいかった子どもも、中学・高校生へと成長するにつれて家族に対してなかなか話をしなくなります。こちらから一生懸命に話しかけても生返事しかせず、目を合わすこともほとんどなくなる場合もあります。ところが子ども自身は頭の中で、自分はいいかげんな生活をしているが親は自分のことをどう思っているのだろうか、と気になっていることをわかってあげてください。しかし、親子の会話をあまりしないために、親が本当に心から自分のことを心配してくれているということはわからないでいます。悪いことに、ほっておかれているとか無視されていると勘違いしている場合もあります。

ある生徒が、家庭環境が悪く、友だちも悪かったために非行に走り、問題を起こして補導されたことがありました。未成年のため、父親が警察に呼び出されました。そこでは、普段自分を良く思っていないと想像していたあの父親が涙をためながら頭を下げました。その姿を見てこの子は立ち直ります。普段わかりにくい親が本当は自分のことを心配してくれているのだと感じる瞬間だからです。このようなことを生活の中のどこかでわからせてあげることも親として必要なことです。多くの父親は「もうお前にまかせたぞ」と母親に子育てを押し付けています。

しかし親というものは父親も母親もなく、いざというときには子どもを守るものです。そのことを子どもには自覚させることが必要です。だからこそ、親はどんなことがあっても子どもの味方であるということを伝え続けることが大切だということを教師として伝えてください。たとえ親子喧嘩になってもしっかりと子どもの逃げ場所を作って、最後には守る姿勢を貫くことをアドバイスしてあげてください。

子どもに細々と言ってもその声はなかなか届きません。黙ってじっと見守っていましょう。子どもも徐々に親の手を離れ自立に向かっています。後は子どものことを気にかけているだけしかできませんがそれでかまいません。

子どものほうから声をかけてきたり、助けを求めてきたときこそ親や教師の出番です。

何か悪いことをしたときでも、何がどのように悪かったのかを子どもと一緒に考えて「罪を憎んで人を憎まず」と思ってください。

ここに、私に届いたある女の子からの手紙を紹介したいと思います。

私の経験談をお話させていただきます。

私は十代のころにシンナー、葉っぱを進められるような良くない環境の中で毎日を送っていました。その中で、ある日、男二人、私を含めた四人で男の運転する車で走行中に信号無視をして車を止められました。

全員車を降りるように言われ、その際の車内の匂いなどでシンナーを吸引したことが分かり、パトカーで警察署に連行されました。そして、私を含め三人が事情聴取を受けました。

その後、未成年であった私は、お父さんが迎えに来ました。私は反発心からか、悪いことをしたという自覚も何もなかったように思います。

私がその場を離れようとする時、お父さんが警察官に深々と頭を下げ、「迷惑をおかけしました、すみませんでした」と謝っていました。

あの姿、お父さんの背中は小さく、いま思えば泣いていたように思います。

その時はなんとも言えない、寂しい気持ちになり、どう声をかけていいのかもわからなかった……。

自宅に帰る車の中、お父さんは一言も言葉を発することもなく、私も何も言えず、ただ家に早く着くことだけを考えていました。

そんな中、家の近くになったときにお父さんが口を開き、言いました。

それは、私にとって本当に思いもしなかった言葉でした。

「やってしまったことはしかたがないから」

いま思い出しても心が痛いです。

私は溢れ出しそうな涙を我慢して、車を降りて、自分の部屋で泣いたのをいまでも覚えています。

あの日にあの時に、頭ごなしに怒られていたら。私は反発し、家を飛び出し、また同じことを繰り返していたかもしれません。

いまの私があるのは、あの時の環境でもなく、十代～三十代のシンナーを進めてきた人たちではありません。

一番近くにいた家族でした。

私が悪いことをしていても、存在を否定しないで毎日泣いて悩んでくれた（お母さん）。頭ごなしに怒らないで、今後どうしていけばいいか一緒に考えてくれた（お父さん）。何があっても普段と変わらず黙って傍らにいてくれた（お姉ちゃん、お兄ちゃん）。

いまは私は家族が大好きです。そんな家族がいたからいまの私があります。

今後、この活動を通して、いま私は、困っている人や寂しい思いをしている人に何ができるのか。何をしたいのかを日々考え、仕事と活動を両立しながら充実した毎日を送っています。

ありがとうございました。

二十代・女性

彼女はいま、青少年の問題行動を抑制する支援活動を行っています。
この手紙からも親子の関係や兄弟、家族のことがよくわかるでしょう。親はいつも、どのようなことがあっても、子どもの味方でいる存在なのです。

よーく聞け!!
ここが
ポイントだ

どーんと
構えていればいい

よーく聞け!!　子どもにとって、親は絶対的なものであり、最後の味方でもある。だからこそ、親は、いつどのようなときでも頼れる存在でなくてはならないし、一番安心できる存在でなくてはならない。

何か問題が起こっても、親はどーんと構えていればいい。それを、子どもに対して「何で？」「どうして？」と訴えかけるばかりでは泥沼にはまっていくばかりだ。親が悩めば悩むほど判断が鈍り、子どもの気持ちを上向かせることができなくなる。

もし、あなたの子どもがどうしようもない非行やいじめ、不登校であっても、「この子さえいなければ」「子どもが怖い」といった感情は捨ててもらいたい。どのようなことであっても「自分はお前の味方だ」と言い続けてもらいたい。それだけできっと変わるはずだ。

生徒は成功体験でさらに成長する

「私にはできない」「どうせ無理だ」「いくらやってもわからない」と成績の伸びない多くの生徒は最初からあきらめていることがあります。勉強をしなくてはと頭で思っていても、単にメンタルが原因で机に向かう気持ちになれないのが現実です。

　では、この状態から、自らが自信を持てるようにするにはどうすればいいのでしょう。その答えは、努力して小さな成功体験を積むことしかないように思います。「教えた通りにやったらできただろう」と、小さなことでかまいませんから、できたことをほめてあげることが必要です。一度よい結果が出れば自信を持てるようになり、自分から進んで勉強をするようになります。「逆上がり」や「自転車乗り」を例に考えてみてください。最初はとてもできそうになかったものが、コツがわかって一回できることで、その後はスイスイできるようになった経験は誰にでもあることです。勉強もまったく同じことです。

　小さなことでも成功体験を多く積んだ者は積まなかった者よりも、「もっとできるようになりたい」という気持ちが強くなります。逆に成功体験が少ない者は、「次回はもっとがんばろう」という気になかなかなれないのです。それが「どうせ無理だ」という言葉になってきます。

あるとき、生徒たちを難しいことに挑戦させることにしました。もしできれば成功体験になり、達成感が味わえて、「やったー」という満足感になると考えました。それは、英語構文の100問チャレンジでした。多くの教育現場では7～8割できればよしとしますがこの問題に関しては100％できないと不合格で、できるまで何度でも挑戦するという方法でした。

100問を全部頭に丸暗記させて1題から100題までを声に出して言わなければ単位は出さないという厳しいルールにしました。期限は高校3年生の12月から卒業式が行われる3月8日、午前9時までの3ケ月間です。この期間生徒たちは朝から晩まで英語構文で頭が一杯です。泣いている子もいるし、貧血を起こしてクラクラしている子もいました。風呂に入ってビニールの中に構文を浮かして、覚えながら沈んでお湯を飲んでしまった子もいました。それでもみんなはがんばってやり続けました。

期間中は時間さえあればいつでも挑戦は受けましたから、私を追っかけてトイレの中や街の中でも生徒は現れました。私をつかまえて、立ち止まってダーっと100問を言います。そして、何よりもうれしかったのは、できたときのものすごく自信と達成感に満ちあふれた表情でした。100問目のI'll have him go. を言った瞬間の生徒の顔はいまも忘れません。そして「やったー」と一緒に喜びます。

A君のこれまでの実力だと100題は無理だから50題できればよしとしようか、というのが普通の教育の現場です。しかし、この体験は求めるものが違います。できっこないと思っていることを達成させる教育ですから譲ることはできません。努力をして、やってみなければわからないということを教えたかったのです。また、このチャレンジを始めると子どもたちは家に帰って机に向かうため親も学校に感謝して協力してくれました。生徒たち、先生、そして親が、みんな一斉にやるからいいのです。

現実には生徒と1対1で向き合うことは意外と少ないのですが、この課題で全員とコミュニケーションがとれました。中には何十回も挑戦して毎日会うのが日課になる生徒もいました。やがて時間が経ち、順にクリアしていく中で取り残されていく生徒が出てきます。そうすると友だちみんなで協力する姿も見られました。

そして卒業式までには全員がクリアしたことを今度はみんなで大歓声をあげて喜びます。このときに感情は一段と大きく動きます。そしてこれこそが青春の想い出になります。感情を伴った成功体験を経験することで、生きている存在感が自覚でき、社会で生きていくための誇りとか自身とか存在感といったものが芽生えるのです。

よーく聞け!!
ここが
ポイントだ

小さな目標を
たくさん作り出す

よーく聞け!!　目標は大きければ大きいほどいい。しかし、大き過ぎると達成するのに時間がかかるだけでなく、継続が困難になる。だからこそ小さな目標を作って成功体験を積むのが望ましい。この小さな成功体験の積み重ねがやがて大きな目標を達成することになる。

仲間を大切にする心を養う

みなさんは、発達障害という言葉をご存知でしょうか？

自閉性障害・アスペルガー障害・精神遅滞・ＬＤ（学習障害）・ＡＤ／ＨＤ（注意欠陥多動性障害）と言われているもので、本来は、子どもが先天的な何らかの要因によって乳児期から幼児期に発達が遅れることをいいます。

場合によっては精神・知能に障害を及ぼすだけでなく身体的な障害も伴いますが、１９８０年以降は知的障害のない発達障害が認知されるようになってきました。そしていまでは、これらの障害は思春期の子どもたちにおいては、決して珍しいものではありません。

よく思いあたる例としては、見た目も普通で知的能力（教科の成績など）に関しても問題がないのに、何かの拍子に奇声を上げたり、走り出したりする子がいます。こういった突然悲鳴を上げて、バタバタするのは何かのバランスが崩れると始まります。中には集団から外れてフラーッとどこかに行ってしまったりする子もいます。これらの発達障害を持った子どもはいまに限った話ではありません。しかし昔は、学校の仲間がうまくカバーして目立たなくしていました。ところがいまは「あんなやつなんか知らない」と、仲間はずれにしてしまいます。本来はみんなでカバーして、そこから全員が学ばなくてはならないはずです。

私の教え子にもそういう子がいました。知的能力には問題がなかったのですが、どんなに面倒なことを頼んでも「はーい」と元気よく返事をしてやってしまう子でした。そのために何でも率先してやる良い子だという評価が教師の間にはありました。しかしよく見ていると、本当に良い子であるだけなのかが疑問になってきました。返事がいいものですから、みんなにからかわれているようで、あらゆることを頼まれていました。結局、だれもがやりたくないことは全部その子がやってしまうというのが現実でした。

あるホームルームで「今日、こういう行事があります。誰か当番をやってもらえないですか」と言うと、まともな子たちは返事をしません。そこで普通は、○○さんお願いしますと指名するというのがパターンですが「はーい、僕やります」とその子は率先して言います。教師も問題に気づいていませんから簡単に頼んでしまいます。

その子の家庭では、お母さんが「いいことは率先してやりなさい」という教育をしていました。それは決して悪いことではありません。しかし集団の中では暗黙のルールがあります。みんながやりたいけれども自分からは手を挙げないということもあります。先生はわかっていて、平等に「○○君、頼むぞ」と指名するものです。こういうときに自分からどんなときでも「はーい」と言う子はおかしいと先生は見抜かなくてはなりません。ほっておくとすべての当番をやらなくてはならないことにもなります。

その子はやがて、クラスメイトに「パンを買ってきて」と言われて「いいよ、で、お金は……」と言いかけますが「貸しといてね」と言われて「NO」と言えないのです。これが積み重なって、クラス中の使い走りになっていきました。気づいた私は、みんなにからかってはいけないということと、借りたお金は返しなさいと指導しました。

ここで問題があります。子どもたちにそういうことはよくないから止めなさい、二度と彼に頼んではならないと規制をかけてしまうことです。子どもたちは仲間として付き合っていますから形は作っておかないとなりません。それではまるで、その子に一切かかわりを持つなと規制してしまうようなものです。そうなると今度は孤立化してしまいます。この子を孤立させてしまっては、クラス運営は失敗です。明らかに発達障害だといえますが、それをみんなに伝えるわけにもいきません。クラスメイトも彼が勉強はできるけど、ちょっとおかしいことには気づいているため、うまく指導してみんなでカバーしてあげるようにもっていく必要があります。

そして私は、彼の得意なことを伸ばしていく方法を考えました。その子は無類の鉄道マニアで日本中の駅名を言える特技がありました。そして、みんなの前で東海道線の駅名を端から言ってもらいました。誰もできない特技を見て、みんながその実力に感心しました。当然のことながら、この日からクラスメイトの彼に対する態度が変わってきました。これらの積み重ねでクラス全体が彼に対して優しくなれるようになってきました。この子は発達障害だからしかたがないと終わらせるのではなく、みんなで理解してあげなくてはなりません。そして、そういうことから仲間を大切にする心が養われていきます。

よーく聞け!!
ここが
ポイントだ

まず発達障害を理解する

よーく聞け!!　発達障害は脳機能の発達に問題がある生まれつきの障害のことをいう。変わった人、困った人、自己中心的な人などと誤解されて対人関係がうまくいかないことがあるが、しつけや教育の問題ではなく脳機能の障害だと理解すれば優しくできるはずだ。一般の学校でよく問題になるのが自閉症とアスペルガー症候群だ。パターン化した行動やこだわりの強さで対人関係や社会性でコミュニケーションの障害がある。一見わからないがこれは障害だと理解してあげればもう少しだけ優しくできるはずだ。

生徒には絶対に嘘をつかせない

生徒の中には友だちや仲間を作る手段として、同級生に物を与えて近寄っていく子がいます。お菓子を買ってきて「これ食べる」とか「このペン使いやすいから使ってみて」などと言いながら近寄っていきます。そして、普段相手にされない子がこのときばかりは仲間扱いされて有頂天になります。

やがて、これが続くと今度は仲間になった友だちは物を要求するようになってきます。物を与えることで仲間に入れてもらっていた子は、いつも「○○をもってこい」と言われ続けます。当然お小遣いも限られているため、買うわけにいきません。そこで何をするかというと、最初は親の財布から黙ってお金を拝借するようになります。そして次は、お店に行って万引きをします。こうなるともう止められません。そのうちにどこかのお店で見つかって補導されることになります。

どうしてこのような真面目な子が万引きするのだと、驚くことがよくありますが、こういったケースの多くの場合は同級生と仲間になりたくて万引きをしていたというものです。少し悪ぶっているグループに物を与えることで仲間に入り、日々のいじめから逃れているといったことがその根底にあるのも事実です。さらに悪いことに、万引きを繰り返すことで罪悪感は薄くなり、自分のほしい物にまで手を出して常習化していきます。

やがて補導され、どういうことか理由を聞いても、最初は仲間になるために万引きしたということをなかなか言いません。同時に物を受け取っていた仲間も万引きを強要していたわけではないため黙っています。その結果、学校は補導された子を処分してこの事件を終わりにします。これでは、なぜこの子は万引きしたのかをしっかり調べて指導することを棚に上げています。戦後の食料難でお金もなかった時代なら理由は明白です。しかしいまは、そのような時代ではありません。

ここには「同化する心」の問題があります。悪い仲間に入っていたいと思う子どもの気持ちがそこにあります。

万引きをした子に理由をたずねると「ほしかったから」としか答えません。これでは答になっていません。ここで重要なのはここから先は絶対に嘘をつかせないということです。私の場合、長時間に渡る話し合いや本人の反省文から裏側を推測し、真実がかすかに見えたら、嘘をつかないことを約束して紙に本当のことを書かせるようにしました。何をどういう理由でどうやって万引きしたのか、商品はどこにどう使ったのか、そのときの気持ちはどうであったかなどです。すると、そこにはものを受け取っていた仲間が浮上してきます。今度はその仲間にも同じように紙に真実を書かせます。ここで正確に情報を集めて、すべてのつじつまを合わせていきます。つじつまが合えばこの一件の全貌が見えてきます。最初は決してほしかったから万引きをしたのではないということもわかります。ここまで原因を追究すると処分も変わってきます。もちろん補導された子も悪いのは事実ですが、背後の因果関係を持った仲間にも責任を取らせます。ここまでやると生徒たちはやがて嘘をつかなくなります。そうなってから親に学校まで来てもらって話し合いをします。

多くの親は「何不自由なく生活させていたのに、どうして他人の物を盗ったりしたのだ。お前は私の子じゃない」と叱ります。

私はここで、「何不自由ない環境で育ってきたあなたの子が悪さをしたのですよ。それにはよっぽどの理由があるはずです」と言います。理由を早くに見つけられなかった親と教師に責任はあるのです。しかし、この事件が発覚したことで子どもたちの友だち関係や親子の関係が再度見直されるようになります。悪いことをしたと反省する子どもと親はとても謙虚になり、今後はお互いに嘘をつかない、つかせない健全な関係を作れるはずです。

そのときに私は、親に対して最後に必ず言うことがあります。

「あなたのお子さんは、事件を起こしてくれて、しかも早く発見されてよかったですね。もう一度自分の子どもを懐に取り戻してくださいね」

親もこういうことがあり得るということがわかっただけでもよかったと思ってもらいたいのです。

さらに一度離れていった親子の距離が今回の一件でぐっと近付いたはずです。そして、我々すべての大人にも勉強になります。まだまだ子どもたちは素直なものです。そんな子どもたちに適切な指導をすることで嘘をつかせなくすることが大切です。

もう一度言います。「見つかって本当によかったですね」。

しかしながら、本来は万引きさせないことこそが望ましいことです。万引きを防止するには、まずそれが犯罪であるということを教えなくてはなりません（刑法では、窃盗罪で十年以下の懲役に処すると規定されています）。同時に子どもたちの行動の変化に表れるサインを見逃さないことも重要です。親は子どもの持ち物に気を配り、あまり見なれないものがあれば必ず聞くように心掛けてください。次に日頃から大人がルールを守る姿を見せる必要もあります。大人の些細な行動を子どもは見ています。

たとえば、電車のホームでの割り込みやタバコのポイ捨てなどです。大人がまあいいやと簡単な気持ちで行っているルール違反は決して子どもには見せてはなりません。さらに子どもとの関係を良くするために、話をよく聞いて何を訴えているのかを捉えることも大切です。

アメリカの社会学者であり犯罪心理学者のT・ハーシが提唱した理論の中に「社会的絆の理論（ソーシャル・ボンド）」というのがあります。この理論では社会的な絆の強弱で犯罪の増減が左右するとしていきます。すなわち、周辺の人々が顔見知りで日常の挨拶ができている地域では犯罪が起こりにくいということです。同様に、私も挨拶や近所付き合い、学校の良い人間関係が子どもの非行を減らすと思っています。この理論では「どうして非行は起こらないのか」と考えていきます。私たちはだれでも非行を起こしうる存在であることを前提として、そこに親や教師、友だちを裏切ってはいけないという関係がしっかりできているからこそ非行は起こらないのです。子どもは自ら悪いことをするとみんなにどのような迷惑がかかるかを考えるようになるからです。そう考えると日々の挨拶や会話が、いかに重要であるかがわかります。

よーく聞け!!
ここが
ポイントだ

万引きは愛情を欲しがっているサインだ

よーく聞け!!　万引きも喫煙と同じように非行の入口だ。「みんながやっているから」「仲間はずれになるのが怖い」「度胸がないと思われたくない」「共通の秘密」といった集団心理が働いて罪悪感を打ち消していく。同時に愛情の欲求を解消する手段の一つとして見ることもできる。寂しさを穴埋めする役割もあるだろう。だからといって万引きを見逃すわけにはいかない。万引きは犯罪であることはわかっている。もし見つかっても親がなんとかしてくれると簡単に考えている。だからこそ日頃から子どもの変化に気づくことが重要だ。帰宅が遅い、荷物がおかしい、見なれない持ち物を持っているなど子どもが発するサインを見逃さないことが大切だ。

「反抗」は心が健全に成長した証

生徒たちには成長の証として「反抗期」があります。まず、幼少の頃に一度反抗期らしきものがあるが、このときは自然に解決して親の懐へと戻ってきているはずです。その後、中学生から高校生になるあたりの思春期に第二次反抗期があり、多くの問題はこの時期にあります。

いままで素直に返事やあいさつをしていた生徒が返事をしなくなったり、よく見るとぶすっとしている時間が多くなった、などと感じたらそれが始まりのサインです。

「かわいい！」と頭を撫でているだけではまったく解決できない反抗的な態度に困惑します。反抗期の子どもは教師を見る眼が変わり、何かと批判的になり、あまり口をきかなくなります。

では、教師として、この時期にどう対処したら良いのでしょうか？　うまい対処法がわかっていたら、そしてこの時期の過ごし方が理解できたらと誰もが思うはずです。

まず言えることは、反抗的な態度や言動を無視して、教師の言うことを無理やり押し付けるのが、最もいけないことです。最初にすべきことは、生徒の言い分を聞いてあげることです。何も話さないようなら想像できる範囲で「本当は、どうしたいの、それともこうしたいの？」と反応を見ながら繰り返すことが大切です。本人は言葉で伝えられないからこそ、反抗という態度で示してくるものです。

さらに、どんな態度であっても、頭の中で「反抗期だからしかたがない」と理解しておくことです。

そうは言っても強い言葉を聞いたり、反抗的な態度をとられると、つい「お前の態度は何だ！」と怒鳴ってしまいがちです。ここで注意すべきことは生徒と同じレベルで言い争ってはいけないということです。この時期は何を聞いても「うるさい」と言って話さないのが普通だと思ってください。中には「教師をバカにしているのか」と感情的になる教師もいますが、権威を誇示しようとすればするほど逆に自らが傷つくだけだということをわかってください。そして、反抗期の子どもは強制を一番嫌がるものだと理解してください。

生徒と話をするときに心がけてもらいたいのは、落ち着いて真剣に聞いてあげることです。間違っても、自分の聞きたいことだけを中心に聞くのは止めてください。そして、その答えを急がせたり、その場で結論を出そうとしないでください。すぐに結論を求めて、それで決着がついたと思いたいものです。しかし子どもの頭の中は混沌としています。結論を急ぐと、話をすることさえ嫌になってきます。だからこそゆっくりと話ができるような状態を演出してあげるのが教師の努めでもあります。

「○○しなさい！」「○○したのか？」「○○はどうなったのか？」という一方的な強制ではなく、生徒の方から「○○してみたい」「○○したほうが良いですか？」と自発的に言わせることです。そして、「○○しなさい」と言ったときに「うるせー」と返すのは、実は自立している証拠だということも理解していてください。

忘れてはならないことは、子どもは決して教師を嫌っているわけではないということです。発達中の子どもの複雑な心が否応なくそのような態度に表れてしまうものなのです。

反抗期というのは自分が納得できないことに対しての「自己主張」の表れといえます。むしろ反抗してくる子どもは自分をしっかり持っている子です。子どもの心は、「自立したい」けど「まだ甘えたい」と思っています。自分でがんばって大人になろうとしていても、何かの壁にあたって、そのうち教師に依存しようとするものです。そのときにうまく愛情を注いであげればいいのです。ですから、反抗は子どもの成長において決して悪い事ではなく喜ぶべきことでもあるのです。

ただ、中には反抗の仕方に問題がある場合があります。思いをうまく伝えられずに、人や物にあたってしまったり、暴言で返してしまうなどです。こういった場面では、しっかり本人の主張を理解してあげなくてはなりません。生徒たちはこの苦悩の時期を乗り越え、周りの人間関係を知ることで学び、理解し、成長するのだと思えば教師として話し合いにいくらでも時間は割けるはずです。

「反抗」は生徒たちの心が健全に成長した証であると、おおらかに受け止めることが最も重要です。

よーく聞け!!
ここが
ポイントだ

反抗期はサナギから蝶に変わる脱皮のようなもの

よーく聞け!!　中学・高校へと成長する頃に起こるのが第二次反抗期だ。この頃の子どもは社会の情報を自分で手に入れ、視野を広げていく大切な時期でもある。大人の行動に疑問を感じて「たいしたことないな」と勝手に思い込み、親や教師の言葉が煙たいものに感じられる。しかし、反抗期には必ず終わりがある。子どもたちは、短期間に多くの経験を重ね、いろんな人との人間関係から学び「社会の一員」に成りつつある。その中でこれまで疑問を感じていた大人たちの行動が理解できるようになってくる。「自分が大人の立場だったら、同じように言うかも」と考えられるようになってくる。そうなればもう大丈夫。親や教師と対等にコミュニケーションを取れる一人前の「人」になったと褒めてあげればいい。

第四章

教師の一日

朝の挨拶は自らがお手本になって元気よく「おはようございます」

教師の一日は朝自宅を一歩出た瞬間から始まります。そして出勤途中に、自分の学校の生徒を見つけたならば積極的に元気よく挨拶をするように心がけましょう。そのときの生徒の挨拶が活気ある元気なものなのか、逆に沈んだ感じなのかを感じとるようにしてください。もし、何か異常を感じたら、それは要注意のサインが出ているといえます。そのサインを見逃さないためにも朝のほんの一瞬の挨拶は重要で、そこから子どもたちのいまの姿を見ることができます。

学校外では、生徒との関わりを少なくしたいと、生徒を避けて、あまり話さない教師もいます。しかし、朝一番の挨拶はしっかり行ってください。特に生徒指導上の注意の必要がないからと避けるのではなく、生徒たちとの朝の出合いは素晴らしいものであると考えてください。

生徒の側から教師を見つけて先に挨拶ができれば申し分ありませんが、「何事も教師から」という原則の基に、自らが話しかけることが教育活動の原点だと認識してください。中には教師と話すことが恥ずかしいという生徒もいますが、こちらから率先して挨拶することで徐々に子どもたちも元気に会話を交わすようになるものです。この少しの会話の中から生徒の生活状況や学校内外の情報も得られます。生徒とのコミュニケーションを避けて、ろくに挨拶もできない教師では、人間を相手とする教育はできないと確信します。

よーく聞け!! ここがポイントだ

お手本を示すのが大人の義務

よーく聞け!!　元気あふれる挨拶は周辺環境を一変する。「挨拶」があるところには「挨拶」が溢れ、ないところには「静けさ」が漂う。だからこそ社会ではしっかり「挨拶」ができることがあたり前のこと。

子どもたちには、しっかり「挨拶」ができるようになってもらいたい。そのためにはお手本を示す必要がある。元来、私たちの礼儀作法というものは「人のふり見て、我がふり直せ」と、他人の善悪を見て、善いことを真似ることで自分の行いを改めるというものであったはず。将来の人間関係をよくするために生徒たちにはまず「挨拶」を徹底したい。

教壇がいのち
授業の準備は万全にしておく

教師が行う業務の中でもっとも重要なのは授業です。充分な準備をして臨まないと生徒に不利益を与えかねません。具体的に授業前に何をすべきかですが、まず朝の出勤途中や職員室で今日の授業の時間割を思い浮かべてください。どこのクラスがどの部分から始まるのかなど進行具合を再度チェックし、そこでどのような授業内容にするかを思い浮かべて、こうしたらこういった返答が返ってくるに違いないと生徒の反応まで想像できればなおいいでしょう。そして、授業の要点をどう表現し、どのような練習問題をし、どのような話題を出すか頭の中でシュミレーションしておいてから実際の授業に臨みます。近頃は、携帯電話やスマートフォンの普及、パソコンの授業などによる生活環境の変化により、一方的で講義的な授業だけでなく、インタラクティブ（双方向的な授業）な部分を授業に取り入れることも考えなくてはなりません。教室に入れば一対数十人の孤独な戦いが待っています。戦いといっても生徒たちとの信頼関係があれば怖いことなどありません。

朝の確認でもう一つ重要なことがあります。それは、当日になって時間割が変更になっている場合があることです。それに伴う生徒の動きや準備、会議や打合せの変更などに間違いがないように対応しなくてはなりません。変更はさまざまな事情で起こりますが、「なぜ」と疑問を抱かずに粛々と進めてください。そのためには何が起こっても動じないよう、普段から準備万端にしておける余裕が求められます。

**よーく聞け!!
ここが
ポイントだ**

授業前にチェック

よーく聞け!!　学校では、授業が一番大切。ベテラン教師は、データや経験をもとに工夫すればいいが、新任はよほど予習をしておかないと生徒の信頼は得られない。では、どのような授業展開が望ましいか。授業時間を導入、展開、まとめ及び検証の3つに分けて考えてみよう。最初の5分を導入と考え、前回の復習と、今日勉強する内容の意味を伝える。次の展開は、最初に興味を持たせるために問題定義をする。そしてその答えはなぜそうなるのかを説明する。そのときは教科書に書いてあることだけではなく、別にわかりやすい方法を用意しておく。最後に実際に問題を解いて検証をすることで理解度を深める。授業の締めとして次回予告などを行うとよい。

帰宅・下校前にチェックすること

教師の一日は早朝から場合によっては深夜まで時間に制限なく続きます。そして、たとえ用事がなくても、原則的な就業規則にある退勤時間までは学校にいなくてはなりません。この時間に何もないといって、ただボーッとしているのではなく、下校までの間にすることは山のようにあるはずです。

私は、新任の教師には、一日の授業や部活動などの仕事が終了した後に教室を見て回ることを薦めています。各教室を比較すると、生徒用椅子を全部机の上に上げてゴミひとつない教室と、ゴミ箱にゴミがあふれている教室があり、中には生徒の体操着などが床に落ちたままといった場合もあります。それぞれの担任によるクラス運営の方法はさまざまですが、さすがにこのような状態では危機感がなさすぎるといってもいいでしょう。生徒の自主性を尊重してまかせた結果がこれでは教育にはなっていません。このようにならないためには、まず教師がお手本を示す必要があります。教室や廊下のゴミは、生徒がいれば指導してかたづけさせるのがいいでしょうが、教師自らがかたづけてもいいのです。子どもたちはどこかでその姿を見ていますから、いいお手本になります。教室や廊下などをきれいに清掃することは、生徒を規律正しくするための第一歩だと考えてください。

そして、帰宅に着く前には、自分の机を整理、整頓してください。書類や本などは机の上に残さないことで、うっかり隠れていた重要な書類を発見できることもあります。また、今日一日を振り返ってみる習慣も必要です。業務日誌をつけて今日を振り返り、明日の予定を確認することも大切です。

何といっても、教師は子どもたちへ教育を与えることが仕事ですから、自身が明るく向上的に生きなくてはなりません。そして、夢を持てる子どもを育てる必要があります。

よーく聞け!!
ここが
ポイントだ

整理・整頓して準備を怠らない

よーく聞け!!　生徒が下校したからといって教師の仕事は終わりではない。会議、打ち合わせ、書類の整理、指導案の検討、指導要録の点検、教材作成などやることは山ほどある。要領良くこなさなければいつまでたっても帰宅できないのが現実だ。学校によっては、生徒の非行化が激しく生徒指導の会議などが多い場合もある。なかなか仕事は詰まっているが、慌てずに身辺を整理整頓して一日の終わりとしてのけじめをつけて帰宅してもらいたい。

生徒・教師の服装を整える

いまでこそ高校生のブレザー姿はあたり前になりましたが、かつての男子学生は詰襟、女子学生はセーラー服というのが定番でした。

私の教師時代は「詰襟よ、さようなら」と制服の革命的な変化であったブレザー・ネクタイへの変更の先端にいました。勤務していた高校が全国で初の試みとして採用したのがブレザー・ネクタイでした。当時のメディアはこぞって大騒ぎし、週刊誌のみならずテレビのワイドショーまでが取り上げたほどでした。

アイビー調を取り入れたブルーのブレザーコートにグレーのズボン、胸には校名のイニシャルが入った刺繍ワッペンという制服はこれまでにない斬新なものでした（昭和四〇年当時）。これまでの詰襟は明治時代以来連綿と受け継がれた学生の姿でしたが、襟の高いものやサイドベンツ、裏に刺繍を施すなど勝手気ままに改悪され非行化の第一歩に繋がっていたといえます。

変更当時の生徒たちはブレザーを恥ずかしいからと着たがりませんでしたが、制服を正しく着用しないと「異装」となり生徒指導の対象にもなりました。教師も同様に「身なりを、きちんとする」ことが求められた時代でした。

おもしろいもので、身なりというものは、着用する服によって気分や精神構造までも変化させる効果があります。正装では、着るだけで背筋がピンッと張るわけですし、カジュアルな服はリラックスした気分にさせてくれます。生徒たちには生徒指導の上では緊張感を持った清潔なものが求められますし、同時に教師には生徒の鏡であるべく、教育者としてふさわしい服装が求められます。

生徒の服装を自由としている一部の学校を除き、制服を指定している学校の場合は、生徒の制服と教師の服装とのバランスを考える必要があります。教師は心身共に教育者としての自覚を抱いていなくてはなりません。これまで「その格好で先生？」と言われるような教師がたくさんいたことで、教育者としての権威が失墜した時代もありました。

生徒に対して制服を規定しているわけですから、その学校の教師が、ネクタイとスーツを着用するぐらいのことはあたり前のことです。教師という自覚を持って学校に奉職しているのですから、学校の評価に関わるような不適切な服装などの身なりや行動、言動には責任を持つのが当然です。私の周辺でも、ある教師がタートルネックのセーター姿で勤務して、教職員の輪を乱すということがありました。教師にも個人の考え方や思想、哲学がありますから、それぞれの価値基準の違いによって議論になります。とは言え、そのようなことまでマニュアル化して規定していては教師の個性を反映できず、どこに行っても金太郎飴のようなつまらない教師ばかりになってしまいます。

規定で縛るのではなく、まず「教師は教育の使者」であることを自覚することで、すべて解決できるはずです。だからといって毎日同じスーツ姿というのも間違っています。体育大会などの体育関係の行事では、動きやすい服装を着用するのは言うまでもありませんし、入学式、卒業式、始業式、終業式など○○式というものには礼装が必要です。要はその場に適した姿を子どもたちに示すのが教育者としてのマナーであるといえます。

思春期の子どもたちはオシャレやファッションに強烈な関心を持っています。だからこそ教師は子どもたちへの影響を考慮しなくてはなりません。

ここに、教師がひんしゅくを買った事例を紹介します。

●スキンヘッド　●口ひげ　●あごひげ　●赤いマニキュア　●髪の毛の染め色、などです。

ひんしゅくを買った教師は、上司から注意を受けますが、「私の服装や身なりは、私の自由であり、主義でもある」と言います。ごもっともな話ですが、いま一度「教育はいったい誰のものなのか」を考えてみてください。

私生活において服装は自由ですが教職において職場での、個人の自由が束縛を受けるのは子どもたちへの影響を考えれば当然のことです。どのような職業でも職務を遂行する上ではなんらかの束縛があるのが社会というものです。そのような中で、教師がよい個性とセンスで子どもたちのお手本になれれば、それは素晴らしいことです。

子どもたちがあこがれを抱くような教師なら個性も大歓迎です。そのためにも教室に行く前に、鏡を見て身なりを整える必要があります。

よーく聞け!!
ここが
ポイントだ

身なりの手本はまず教師から

よーく聞け!!　勉強やスポーツなどは、決められたルールの中で競争するから努力した人や成果を上げたひとは評価される。学校ではそのことをしっかり教えなくてはならない。身なりも同じでルールがあるのだから守らなければならないことを教えなくてはならないのだ。教師がどうすればいいか迷うからルールを守らない子どもが出てくる。だからこそ自信を持って自らが鏡となって迷わずに指導すべきなのだ。

生徒たちとの信頼関係を築く

学級運営では教師と生徒、そして親との信頼関係が重要になります。その信頼関係はどのようにして構築していけばいいかを再度考えてみましょう。

生徒、親、学校とはいったい何なのでしょうか？

そこに奉職している教師とは？

まず、学校は間違いなく生徒のためのものです。教師は、この「本質」に立ち返って自信と勇気、信念をもって現場にあたらなくてはなりません。

荒れるクラスの原因は、「子どもたちとの信頼関係がない」「子どもたちの気持ちを理解できない」「指導力の不足」がほとんどです。教師が指示したことを受け入れずに自由気ままに好き勝手な行動を取る子どもたちには、教師に対する不信感が根強くあります。それは教師がとってきた行動がストレスとなり、たまったものであると考えられます。

子どもたちの側から見てみると、「黒板の漢字を間違えた教師に、指摘してもこれでいいと言って直そうとしない」「自分の間違いを認めないくせに、生徒の間違いには厳しい」「一部の生徒をひいきしている」といった意見が大半を占めています。このようになってしまってから信頼を取り戻すには相当な努力が必要です。まず、全員と公平に接することは言うまでもないことです。そして、わかりやすい楽しい授業を目指します。さらに一番重要なのは、子どもたちの内面をもっと理解することです。そのためには、連絡帳を作り返事をまめに書いたり、個人面談を頻繁に行ったりします。毎日、全員に話しかける努力も必要です。その積み重ねが信頼関係になることを理解してください。

よーく聞け!!
ここが
ポイントだ

信頼関係を築くには時間がかかる

よーく聞け!!　いくらきれいごとを言っても、教師と生徒の関係は対等ではない。だからこそ信頼される教師にならなければならない。よく生徒が「先生は私のことを信用していない」などと言うが、この言葉は教師にとってとても辛いものである。「君のことを信用しているよ」といくら言葉で伝えてもなかなか伝わらない。日々の付き合いの中で培っていくしかない。その結果子どもたちが「先生が私たちのことを信頼してくれているのだから、それを裏切ってはいけない」と思うようになってくれればいい。

地域社会と協力する

思春期の子どもたちは多感な時期だけに簡単に解決できない多くの問題を抱えています。中でも大きな問題となっているのが「不登校」です。学校でのいじめ、学業不振、家庭環境、病気などちょっとしたきっかけで子どもは不登校に陥ります。

文部科学省の調査によると、小・中学校における不登校児童数は十二万二千四百三十二人（平成二十一年度）で、特に中学校では十万人を超えて全体の2・77％の割合になっています。ところがここで注目すべきは平成に入って増加傾向にあったものが、ここにきて学校や親、地域の協力で年々減り始めていることです。

いまは、学校も地域社会と連携する時代になり、「学校評価」、「危機管理」、「生徒指導」などの問題を関係諸機関と学校が連携して教育活動をするようになっています。学校だけでは適切な教育が行き届かない社会構造になってきたことからこのような連携が始まったといえます。そのおかげでいくらかは改善に向かっているということです。

ここで再度「不登校」について考えてみましょう。

「不登校」になる原因として一番多いのが学校生活においての問題です。友人関係の問題や教師との関係、学業の不振、クラブ活動への不適応、学校の規則、転編入学、進級時の不適応などが主な理由です。次に多いのが家庭における問題です。家庭の生活環境の急激な変化、親子関係の問題、家庭内の不和が挙げられます。問題は複合して起こり、不登校の要因や背景の複雑化が考えられます。

だからこそ学校と家庭、そして地域が密接な連携をとって子どもを支援していかなくてはなりません。その中の一つに、学校と社会のつながりを強めるための開かれた学校づくりが必要となります。学校では地域の団体や企業、ＮＰＯ法人等と連携することで子どもたちと社会の結びつきや絆を強くすることが必要です。

私の学校では「本物との出合いを大切に」という考えの下に、外部の著名な文化人を講師に招き、「教養講座」を開催しました。そこでは、生徒だけでなく父母や近隣の方々、企業の方などと一緒に学び合う機会を設けました。このような体験的学習から子どもたちが、自らの生き方や目標を意識し始めて、現実として明日を生きるきっかけになればいいのです。

同時に、一般社会が背景となって子ども社会に与える影響も考えなくてはなりません。スマートフォンの普及などによる情報化社会の進化はとどまることを知らず、それらが子ども社会に影響を及ぼします。こういった一般社会の複雑で多様化した環境の中で、子どもたちはこれまでになかったさまざまな問題行動を起こしてしまっています。おそらく携帯電話やスマートフォンというものが影響しているであろうとなんとなくはわかっていても、具体的な要因を特定できないのが現実です。ただ言えることは、この新しい道具を介して、思いもよらない非行行為が生まれているのは事実ということです。同時に、東日本大震災のときには携帯電話が役に立ったということもあり、なんとも言いがたいものです。

このような社会の変化が人の心まで変えてしまったと考えていいのかどうかこれから時間をかけて検証したいと思ってます。

一般社会と子ども社会を分けることができれば生徒指導は考えやすくなりますが、いまの社会環境では不可能なことです。

たとえばスマートフォンの問題を考えたとき、通学時に電車やバスの車内で操作している生徒の姿をよく見かけます。大人たちがしているからといって子どもも同じでいいという理屈にはなりません。しかし現実は、大人がしていることを子どもたちも堂々と行っています。

これは学校などの教育の現場でも問題になっていることで、大人と子どもの区別をすることをしっかり考えなくてはなりません。

規則で縛り上げるのではなく、一般の社会常識として、携帯電話の使用に関して、時と場合をしっかり教育していかなくてはならないのです。そこで、保護者と教師、そして地域社会が連携して子どもたちをサポートしていかなくてはならないと思います。

よーく聞け!!
ここが
ポイントだ

地域全体で子どもを育てる感覚が必要

よーく聞け!!　学校では、人と会ったら「挨拶」しなさいと教育している。道ですれ違う子どもたちから「おはようございます」「こんにちは」と声をかけられると気持ちがいい。一方で大人の中には悪い人がいるから警戒しなさいという指導も行っている。ハッキリ言って矛盾だらけだ。しかし、事件は起きるからそうは言っていられない。だからこそ、地域と学校、親は密接に連携し、地域にどのような人が住んでいるのか、危険なのか、安全なのかを注意しなくてはならない。安全で子どもたちが健やかに育つ社会を目指すために、大人が見本を見せて地域みんなで子どもたちを育てていく環境ができれば問題は解決できるといえるだろう。

学校の危機管理は「報告・連絡・相談・コミュニケーション」から

学校内での事件や事故がたびたび報道されています。これは他人事ではなく、自分の学校にも何らかの問題が、いつどういったときでも発生するといった意識を持っていなくてはならない、ということを暗示しています。そして、学校での危機管理は職員が一致団結して組織的に行なわないと解決しません。そこで重要なのは教師一人ひとりが何か起こったときにどういう対応をとるべきかを知っておくことです。

悲しいことに教育現場において、あってはならない事故や事件が発生しているのは事実です。これまでは、火事や地震などの災害に対しての危機管理しか想定してこなかったのですが、近年の複雑な社会環境の変化によって、学校にも大きな異変が起きています。学校では、「いじめ」「暴力事件」「不登校」「学級崩壊」「不審者対策」「盗難」「授業中・部活動中の事故」「修学旅行中の事故」「登下校中の事故」「人権問題」「自殺予告」「家出」「伝染病」「食中毒」「地震などの災害」などさまざまな問題に危機管理が必要です。教職員に対しても「セクシャルハラスメント」「出張中の事故」「書類等の紛失」「体罰」「過労」を考慮した危機管理が必要です。

一般の企業では、社長を頂点に部長、課長などピラミッド型の組織運営がされていますが、学校では校務分掌といった変わった組織運営が行われるのが普通です。校長、教頭の管理職の下に、それぞれの教師が校務を分担しています。初任者であろうがベテランであろうが自分の役割の職務の責任を任されます。とはいえ自分のことさえやっていればいいというわけでもありません。ピラミッドでないからこそ教職員のコミュニケーションをうまくとらなければすべてが機能しません。そして、機能しないことこそが危機といえます。

「報告・連絡・相談」いわゆる「ホウレンソウ」は企業だけのものではなく、学校の危機管理においても重要な意味を持っています。あたり前のことですが、教師だからといって問題を自分だけで解決せずに、些細なことも必ず管理職に「報告・連絡・相談」しなくてはなりません。しかしながら、すべてを校長に「報告」すれば終わりでは困ります。「報告」さえすればあとは校長がなんとかしてくれると誤解してはいけません。

問題を早期に解決するためには日常的に職員同士で話せる体制を学年担任団や教科ごとに作っておくことが大切です。会話の中から、いま現場で何が起こっているのかを共有することができるために解決の糸口も見つかりやすくなります。

そして言えることは、いくら事前に対応していても問題は起こるということです。そこでリスクマネージメントを常に想定しておかなくてはなりません。最初にこれから起こりうる問題の可能性をすべて想定することです。次に状況によってどのように適応させればいいのかシナリオを考え予防策を練っておきます。次に、もし学校で大きな事件が起きたとしたらどうすればいいかということを想定してみましょう。突発的な事件が発生した場合に最初に行うべきことは、状況の確認と生命の確保です。この二点が確認できたら次はどういった体制で臨むかを考えます。その想定の積み重ねを職員で確認しておき、生徒を含めて訓練しておくと本当に事件が起こっても最小限の被害で回避できるはずです。そのためには職員と生徒、保護者に対して常に最新の情報を提供しておいてそれぞれが連携して危機管理を推進する必要があります。

学校における危機管理の第一歩は、前述したように「報告・連絡・相談」と「教師同士のコミュニケーション」です。面倒がらずに積極的にコミュニケーションを図ってください。その結果が学校のみならず、教師や生徒の保護者までが確実にそして安全に学校生活を送れることになります。

●学校で想定される危機管理の範囲

○学校内での事故・事件
・校舎内での事故（授業中・給食中・清掃中・休み時間・部活動中）
・グラウンドでの事故（授業中・部活動中・休み時間）
・不審者の侵入
・問題行動（いじめ・暴力・不登校）
・教育での問題（体罰・自殺予告）
・保険関連（給食での食中毒・水道水・調理実習・伝染病）
・職員（ケガ・病気）
○交通事故関係
・登下校中の交通事故
・休日・放課後の交通事故
・修学旅行・遠足など校外学習時の交通事故
・職員の出退勤時の交通事故
○人災
・火災

・停電
・ガス洩れ
○天災
・地震、風水害等
●事故の内容はどのようなものか

多く想定されるのが、ケガです。生徒同士のけんかや悪ふざけ、不注意によるものがほとんどを占めます。場合によっては、施設の欠陥による事故によることもあり得ます。次に、肉体的に病気を発病する場合です。発熱や中毒、持病などです。また、最近増加しているのが精神的な病気です。いじめや不登校、悩みが思春期の子どもに襲いかかります。その他、プールでおぼれるというのもあります。また、あってはならないことですが死亡事故もあります。

よーく聞け!!
ここが
ポイントだ

学校の危機管理は報告から

よーく聞け!!　これだけ世の中が複雑化してくると、どのような危機が襲ってくるのかわからない。そのような中でもまず、子どもの命を守ることが第一で、次に学校の社会的信用や信頼を裏切らないことこそが危機管理の原点だといえる。「報告・連絡・相談」が日頃からしっかりできていれば学校は安心できる場所になる。「報告」は、「いつ」「どこで」「だれが」「何を」「どのように、なぜ」を的確に伝えられなくては意味がない。現場の発見者である教師は、教頭へ、教頭は校長ならびに場合によっては、救急車の要請や教育委員会への「連絡」をしっかりと行わなくてはならない。

「心を動かす言葉」が発せられればコミュニケーションはうまくいく

子どもを教育するには、「言葉」を介在させて学びを助長することが基本です。ところがいま、スマートフォンの普及によって中高生の「言葉」に問題が発生しています。

スマートフォンでのメールがコミュニケーションの主流になるにつれて、多くの絵文字や記号での意志表現が一般化したのが原因といえます。言葉で話すことよりもメールのやりとりの方が多くなり、お互いの意志を伝え合うのはほとんどが絵文字や記号、簡略した言葉へと変化しています。このことが影響して生徒指導の面では、生徒との意思疎通が困難になりつつあります。生徒の側から言わせると「先生の言っていることがわからない」となり、逆に「子どもたちの言っていることが理解しづらい」といった教師さえいる始末です。こういったことから今後、教育現場における「言葉」の問題はますますエスカレートすることが考えられます。学校教育では、世の中がいくら進化して造語が蔓延しても、しっかりした日本語を教えることがさらに重要になってきました。

ふとすると忘れがちですが、教育活動は、「言葉」という道具を使って行われています。「言葉」が道具である限り、より意識することで、相手に伝わるということを考えてください。最近の授業では、子どもたちに集中力がない、やる気がない、人の話を聞かないなど全体的に気力のないものが目立ちます。自主的に何かをする力が乏しいともいえます。

たとえば、「チャイムが鳴ったから座りなさい」と言うよりも「チャイムが鳴ったらどうすればいいのかな」と言葉を発する方が子どもたちの自主性を促すことになります。毎日これを繰り返していくと、いつしか子どもたちはチャイムと同時に着席するようになります。

いまの例はしつけの教育ですが、日々の教育では「言葉」の問題を乗り越えてコミュニケーションを図らなくてはなりません。だからといって教師が、絵文字や記号を黒板に書いているようでは話は始まりません。子どもたちは、心を動かす機会が少なく、情動・気分・情操などの感情を動かすことが無くなっていることから生活の中で感動することが極端に低下しているのではないかと思われます。こういう時代だからこそ、「心を動かす言葉」を遣う必要があります。

では、「心を動かす言葉」というものはいったいどういうものなのでしょうか。実際には、他人の心を動かそうとあれこれ考えても思い浮かばないものです。人の感情を動かすには、まず自分自身が熱い想いを持っていなくてはならないと考えます。その想いを持つためには教師はもっと学ばなくてはなりません。自分を磨き、「はつらつと生きる」ことを進んで行い、成長しなくてはなりません。

いまの時代の動きは加速度的に速くなっており、想像もできない新しい価値観が生まれては消えるといったことを繰り返しています。ともすればあふれる情報の波にのみ込まれ、自分を見失ってしまいそうです。このような時代だからこそ自己啓発を怠らず、自分を磨く必要があります。そして柔軟な思考を手に入れ、力強く豊かな心を持って生きることで「心を動かす言葉」を発せられるようになると考えます。

これらができるようになると、子どもたちとのコミュニケーションはいままで以上にスムーズになるに違いありません。

よーく聞け‼
ここが
ポイントだ

言葉の使い方と人間関係

よーく聞け‼　日常の正しい「言葉」は、同僚や上司などとの会話においての人間環境によい影響を与える。教師の場合、生徒との会話で大事なのは、友人感覚ではいけないということ。「ヤバい」「むかつく」「マジ」など生徒と同じ言葉はやめたいものだ。まして、連絡帳に「やったね」と書くのもいかがなものかと思う。一見、子ども目線に近付いているいい先生に思えるが、教師と生徒の関係をわきまえていないといえる。子どもを呼ぶときに「おまえ」「おまえら」「あんた」と呼ぶのはダメ。「○○さん」「○○君」「あなたたち」「あなたは」は良い。生徒との信頼関係を築くのは、名前を正しく呼ぶことから始まる。

あとがき

教育現場は、「不易流行」であると改めて言いたいと思います。

「教育なんて難しくはない、教師が人であり本気であれば」

「教育は、人がひとに施す人間的なあたり前の行為である」

「教育は人間教育が究極の目的」


これらのことが実践できていれば教師力は十分であると思います。ところがなかなか現場を掴みきれない教師も少なくありません。しかし、教育者である限り逃げることは許されません。教師ならば、少しでも教師力を上げて現場に取り組まなくてはならないのです。

昨今の教育問題、学校不祥事問題の発生の要因はすべて教師の教育力にあるといっても過言ではありません。今日のわが国の子どもたちには、どんな教育が必要なのかを考えてみると、このような生活環境において、家庭教育・学校教育はどうあるべきなのか、教師たちも時代を読み社会を考えなければ、ただ過去の教育の流れ（枠）の中で生徒の前に立って今日的な課題すら見いだせないと考えます。教師たちが勉強しなければ、教育を受ける子どもは世界観も学ぶこともなく、グローバル化社会にズレてしまうでしょう。そして、グローバル人材の育成を教師たちは研究しなければならない時代が到来していることに気付かなければなりません。

一方、今日的な教育問題は、いじめ等の生徒指導問題でしょう。平成18年に教育基本法が改訂され、教育三法が改訂、小中高の新学習指導要領が改訂されました。平成25年度に完全実施となりましたが、指導要領の背景は従来にまして強調して「生きる力」を教育理念としたのです。

「いじめ防止対策推進法」が今年度の25年9月28日に施行され、「防止法に関する学校の対応」や教師への影響も問題でしょう。さらに生徒指導の問題として、「問題行動とその対応」が挙げられます。これらは、森を見て木をみることができていない生徒指導であり、決まった対処療法ばかりが目立ち、実際は解決できずに苦慮しているのです。

本来、情報社会と人間関係の希薄さの関係はどうかと考えるかが必要なはずです。さらに、教育問題の根本的な解決はどこにあるのか、教育の本質から考える必要があります。

そして、子どもたちを見守り育てることができる教師が一人でも多くなることが解決の糸口となり、日本をさらに素晴らしい国に変えることでしょう。

本書を書くにあたり、多くの方々のサポートを受けたことをここに感謝したいと思います。また、今日の私があるのは何より家族の支えがあってのことです。

清水秀樹

清水 秀樹（しみず ひでき）

1944年生まれ、山梨県北杜市出身。

山梨県立韮崎高等学校卒業、駒沢大学文学部卒。

大学卒業後高等学校において英語教師として教鞭をとる。学校法人向上学園元理事長、同学園向上高等学校元校長・自修館中等教育学校（新設開校）初代校長。神奈川県私立中学高等学校協会元理事、同研究部生徒指導研究委員会元委員長。日本私学教育研究所元特任研究員。

現在、学校法人文京学園監事、特別顧問。日本私学教育研究所「教員免許更新講習運営委員」、「生徒指導委員会委員」を兼務。教員初任者全国研修会・10年経験者全国研修会の指導講師を務める。生徒指導問題を中心に学校改革講演活動に従事する傍ら、文科省の委託推進事業である「いじめ対策等生徒指導推進事業」の認定を受け、「いじめ問題」をはじめ問題行動について調査・研究活動及び「いじめ防止対策推進法と学校対応について」などの研修会を実施する特定非営利活動法人（NPO法人）「教職員学校」理事長を務める。

教師力《きょうしりょく》—ますます教えることが楽しくなる

2014年2月20日　第1刷発行

著　者　清水 秀樹
発行者　飯塚 行男
編　集　宮崎　博
装　丁　東江《あがりえ》和佳子
印刷・製本　シナノパブリッシングプレス

株式会社 飯塚書店
〒112-0002 東京都文京区小石川5-16-4
TEL03-3815-3805 FAX03-3815-3810
http://izbooks.co.jp
郵便振替00130-6-13014

ISBN978-4-7522-6019-6